生活勵志

心有多簡單，就有多自由

暢銷心靈作家　何權峰　著

高寶書版集團

序

有一句話說：「人在飢餓的時候，只有一個煩惱，想要吃飽，可是一旦吃飽，就會有無數個煩惱。」

仔細想想，大多數人的問題不正是如此？

有人吃飽了，會覺得應當有像樣的衣服、房子才行。

有人吃飽，想擁有漂亮的外貌、配偶。有些人吃飽，就起攀比心理，想在生活上贏過他人。

有人吃飽，就升起種種貪嗔癡，紛紛擾擾，煩惱也由此而起。

世事本不複雜，複雜的是人心；生活本不苦，苦的是欲望太多、患得患失；人心本無累，累的是想太多、看太重。

人本是自由的，枷鎖都是自己給心套上。

想要心靈自由，不是努力擺脫桎梏，而是學會放下。因為苦與樂、幸與不幸、簡單與複雜，都來自「自己的心」。

人活著最重要的，就是這四個字：活好自己。

我們汲汲營營、忙忙碌碌，不都是為了生活，既然如此，就應該尋求更簡單的方式。

自己的事，「盡力」就好。

他人的事，「尊重」就好。

老天的事，「臣服」就好。

失意的事，「感恩」就好。
生氣的事，「理解」就好。
感情的事，「放下」就好。
生活的事，「簡單」就好。

我的人生哲學：越複雜的事情越要簡單化。
老天爺的事你管不了，別人的事與你無關，你只需做好自己的事。
接受不了的事就改變、改變不了就放下。
當一個人簡單了，世間的事，也會變得簡單。
活得簡單，心無罣礙，便從容自在；平淡看待得失，便波瀾不驚；需求簡單，對現況感到滿足，便坦然富足。
一個人心簡單了，開心就笑，累了就休息，喜歡就喜歡，不想就不想，一切出於自然，自然快樂。

「小時候，幸福是件很簡單的事；長大後，簡單是件很幸福的事。」
回歸到最初的簡單。心簡單，世界就簡單，心自由，生活就自由。
心有多簡單，就有多自由。

CONTENTS

PART 5 生氣的事，「理解」就好

CONTENTS

PART 1

自己的事，「盡力」就好

首先，管好自己的事
盡力就好，平常心看待
幫忙是情分，不幫是本分
討好別人，不如取悅自己
凡事試圖做到一百分，結果可能不及格

首先，管好自己的事

你有沒有注意到，在我們身邊，總有一些人日子過得從容自在，也總有一些人煩惱不斷，原因大多是介入「他人的事」。

想要解決別人的問題，甚至承擔別人的責任而弄得疲憊不堪，是多年來我的親身經歷。「小倩會離開先生嗎？」、「老李會怎麼從困境脫身？」、「要怎麼幫阿德振作起來？」每當有這些想法，就覺得心有餘力不足，因為我在管他人的事。

做太多、幫太多，會讓對方變得無能。如果我們不讓對方承擔責任，他們就不會負起責任。太涉入其中，別人的問題就會成為我們的問題。越是關係密切，界線模糊，便容易錯把他人的事當成自己的事，這樣的狀況特別會發生在最親近的父母、孩子、伴侶之間。

我們都希望所愛的人能夠得到幸福，而正因為這種愛，總為對方著想，焦慮感也特別強烈。

你可以教人走路，卻不能代替他走

常聽過許多父母這麼說：「明明應該讀書，但他卻整天都在玩遊戲，怎麼可能不管？」、「我會這樣做也是為他好！」園丁沒有能力使果樹長大，他的工作是澆水、施肥，使作物能順利生長；其餘都是果樹自己的事。

每個人本是各自獨立個體，有自己的人生，自己的課題，和自己規劃的道路。我們必須尊重其他人的旅程，正如我們希望別人尊重我們一樣。一味地將期望加諸在對方身上，會讓人備感壓力，喘不過氣。

「家人也是他人」，不管多親都是獨立的「他人」，有自己個性差異，喜好、意願和選擇不盡相同。他人想什麼，我們控制不了；他人做什麼，我們也管不來，強勢要求，只會造成更多衝突，落得彼此受傷。

所有人際關係中的紛爭，都是侵犯到他人的界線，或是他人越了自己的界，當超出個人的容忍限度時，造成關係破裂。

要「釐清界線」，方法很簡單，《被討厭的勇氣》書中提到，就是去思考：「這個決定帶來的後果，最後會由誰承受？」你不需要為他人的期待而活，也不需要為別人的決定或作為承擔起無謂的責任。

有一位太太因丈夫酗酒，長期下來關係每況愈下。她管越多，他就喝得越多。某天她終於「想通了」，她說：「多年來一直試圖想讓他不再喝酒。我真的以為他有一天會改。有一天晚上，他又喝得醉醺醺。我看清了一切，我無法逼他做任何他不想做的事。即使喝酒的不是我，我卻被他酗酒的問題牢牢控制。

我決定放手，讓他去做自己要做的事。事實上，他一直都是為所欲為。我讓他自由，也等於讓我自己自由，去過我自己的人生。」

這就對了！你可以教人走路，卻不能代替他走。

管太多別人的事，就是管不好自己的事

我們可以從這位計程車司機身上學到這道理，他的朋友每天在路上來回開十五公里的路上下班。

「你是怎麼辦到的？」他說，「我試過，可是在這種交通狀況下，我實在忍不住要破口大罵。那些人老是隨便切進來，任意變換車道；有些頻踩煞車、龜速前進，沒有人聽到我叫罵。如果我像你一樣整天開車，我一定會瘋掉。」

那位司機回答說：「你的問題在於，你老是想駕馭周圍的每一輛車。而我讓自己放鬆下來，只開一部車——我自己的。」

管不了別人，過好自己便是了。想想，如果一個人，連自己分內的事都做不好。又如何有本事、資格，去管他人的事？

如果在你過自己生活的時候，卻在管別人的生活，那誰在過你的人生？

什麼是界線？

簡單說，就是在自己與他人之間做出清楚的區隔，使人知道什麼是、什麼不是屬於自己的責任。避免干涉他人的生活，或是為他人的人生負責，使他人過度依賴而耗竭自己。

當你的界線清楚時，對方知道你可以接受什麼、不可以接受什麼。界線只要被跨越了，就要讓對方知道他越界了。

建立界線之後，你就不會再受別人的控制與影響，也不會再控制或影響他人，關係將日漸穩定。

盡力就好，平常心看待

從小到大，所有人都告訴我們只要努力，就可以得到想要的結果。但長大以後，卻發現現實常常事與願違。

為什麼自己明明已經很努力，大家總是沒看見？為什麼還是沒得到很好的成績？為什麼評比獲獎的人不是我？為什麼永遠都跟加薪、升遷無緣？為什麼得不到愛？

很多人，都有過這樣的疑惑。為什麼？

事實上，人生許多事無法掌控，不是努力了，就一定會得到同等的回報。

古人說「盡人事，聽天命」，道理就在這裡。對於「可掌控的事」，盡力而為；

「不能掌控的事」，人事盡了，學著淡然處之，平常心看待。

做得到的盡量做，努力過就好，盡心了就行

什麼叫盡力？

有次跟孩子一起打球，回家弟弟問：「為什麼我得分較多，你反而稱讚姊姊？」我說：「因為姊姊已經盡力。你是比較厲害，但我認為全力以赴更值得獎勵。」

每個人資質、能力都不同，你的一百分，跟別人的一百分並不相等。螞蟻扛一粒穀和大象扛千斤重物，同樣費力氣。但以螞蟻的能力來說，他所盡的力完全不輸給大象。我們要做的，就是把實力發揮出來。一個人若沒有盡全力，對他的才能而言是一種浪費，也對不起自己。

要明白，你付出的多，也許會得到的多，但是並不代表你付出百分之百

的努力，就會得到百分之百的結果。如果無論你怎麼努力，都無法再進步，或一直停留在某個範圍之內的時候，就可以放下。如果一直執著於回報，只是讓自己陷入泥沼；一直在做無效努力，只會白白浪費。

有位教育專家如此說：「花百分之百的努力可能得到九十九分，但想再獲得那最後一分，卻需要花上百分之兩百的努力，那一分的成本就太高了。不如把時間精力，拿去做更有價值的事！」

記得第一次受邀大型演講，怕表現結果不如預期，我很緊張。朋友發現我的問題，他告訴我，讓別人滿意不是我的工作，我只要分享觀念就好。他對我說了一句永難忘懷的話：「你的任務就是將石頭丟入水中，你不需要負責產生多少漣漪。」

之後，他的話語就一直與我同在。當我擔心自己的表現而產生焦慮壓力時，就會想到這個比喻。

只要盡到本分，做到該做到的，就足夠了

什麼是平常心？就是沒有得失之心。

莊子曾拿射箭做比喻：當一個弓箭手在平常射箭時，他掌握了一切的技術。當他為了一個獎牌而射箭，會變緊張；如果他為一個黃金做的獎牌而射，他會慌亂。他的技術並沒有改變，但是那個獎牌使他分心，患得患失，就可能失常。

我印象深刻，戴資穎得到世界羽球冠軍後，記者問她比賽會不會緊張？她說自己沒有追求什麼，只是把每一場球打好，享受每一場的比賽。她說的就是平常心。

一個人的本分是什麼，就應盡到本分之內的責任，其他的就不必放在心上了。例如學生只要盡到讀書求學的本分，運動員只要盡到努力練習的本分，那麼考試和比賽，就不該成為他的負擔和壓力。無論做任何事，做到該做到

的，就足夠了。只要盡到本分，就問心無愧。

很多時候，我們無法掌控結果，也無法讓所有人都滿意，這已「超出本分」。凡事盡其在我，就心安理得。面對評價，也能處之泰然，平常心看待。

「做最好的準備，最壞的打算。」

事前做好規劃和準備，事後才不會牽腸掛肚，手足無措。

做「最壞的打算」不意味著消極的態度，而是督促自己努力，以免懊悔。若遇到事情不如預期，也不致產生太大的失落。

當我們盡力了，就不必自責。就算結果不如預期，也沒有遺憾。因為你知道自己付出最大努力，你可以坦然無愧對自己說：「我已經盡力了！」

幫忙是情分，不幫是本分

學生遇到兩難的問題：「我想拒絕朋友，又怕斷了情誼，該怎麼辦？」

我說：「那要恭喜，你快自由了。」

很多人都不能真正理解自由，自由並不僅是能做自己喜歡的事，而是可以拒絕你不想做的事。

與人為善，幫助人是好事，若是礙於情面，害怕得罪人則不同。勉為其難就是委屈，超出能力就是壓力。總是來者不拒，有求必應，久而久之，會變成理所當然。樣樣都幫忙，毫無原則，往往換來得寸進尺，結果就是不斷陷入「自我厭惡，怨怒他人，身心俱疲」的痛苦循環中。

許多人怕拒絕別人會傷感情，破壞關係。那得看你要的是什麼樣的關係。真正關心你、在乎你的人，會理解與尊重；相反，有人因你的拒絕而反目，他們關心自身的利益，勝過關心你。面對這樣的人，不必感到罪惡，如果他要跟你絕交，就隨他去吧！這不是壞事。

無法堅守自己原則，別人也不會尊重

以前我常忙得不可開交，有各樣的邀約和請託，把自己應該休息和放鬆的時間塞滿了。

有天，我跟同事談到自己陷入一個進退維谷的窘境。他的話真是一針見血：「你老想當好人，才會過得不好。」

他說的沒錯。對別人好，並不等同於刻意討好，要有自己原則的底線。一旦過了頭，便不是善良，而是卑躬屈膝的「濫好人」。

「幫忙是情分，不幫是本分。」沒意願又非責任範圍內的事，無法幫忙，合情合理，不必覺得內疚自責。你的能力和精力有限，你有自己的生活，何況，你沒有義務，何苦為此感到歉疚不安？

有一名女孩分享了當她忽略了這項原則時，情況變得多糟：

「我有一段友誼在最近畫下句點，因為我沒辦法對某個人反覆求助的要求說『不』。諷刺的是，我希望對方能喜歡我，卻造成反效果。我想我幫了她太多，導致她認為這就是我的角色，我就是她的僕人。因為人通常不會尊重僕人，她開始對我越來越不尊重，根本沒再把我當朋友，現在似乎也不喜歡我了。從因果的角度來看，她對我不再尊重，是因為我不再尊重我自己。」

當怪罪別人「吃定你」、「自私自利」、「軟土深掘，越來越過分」的時候，我們是否應該反省一下，是不是自己也有問題？別人怎麼對你，取決於你自己。當你有原則的底線，對方就知道哪些事情可以做、哪些不行，因為他知道你就是這樣。如果你一直都是順從配合，人家要你幹什麼，你就幹什麼，當哪一次你推遲，很可能就會得罪人。

如果你無法堅守自己的原則，別人也不會尊重你的底線。

拒絕是你的權益，答應是一種責任

我們做任何事都應該聽聽內心的感受：「這是出於真心嗎？這是我想做的嗎？我做這些事會開心嗎？」在答應別人的請求之前，我會這樣問自己。拒絕是你的權益，答應是一種責任。實話實說，不行就不行，不想就不想。當你說「不」，頂多不舒服一下子，即刻會感到解脫；說「好」，常懊悔好一陣子。若把事情搞砸，反而是不負責任。勉強答應不如坦承拒絕。

巴菲特說：「除非你真的說『不』，否則你的時間，永遠是別人的。」

當事情違背意願的時候，工作做不完的時候，當時間被分割得支離破碎的時候，我不再為討好他人而勉強自己。所以，這麼多年來，我婉拒了無數邀約、聚會、演講、採訪，甚至不用手機。我發現除了生活變得輕鬆自由。最讓人意外的是，不僅沒有眾叛親離，反而得到更多的尊重和重視。

「你的價值體現在你的拒絕上。」

拒絕並非辜負別人，而是為了維護自己。如果他人無法理解，那就不是你的問題了，因為強人所難是不該的。當你不好意思拒絕的時候，想想他為什麼好意思為難你。

「拒絕不是斷絕」，你是在拒絕這件「事」，而不是拒絕這個「人」。

優雅拒絕的三個心法：

一，拒絕時，態度要堅決果斷，措辭要婉轉一些。

二，不用多做解釋，說一連串藉口，只要誠實說出心裡的想法就好。

三，拒絕前先感謝，拒絕後再致上歉意。例如：

「非常榮幸能夠受邀，但我早跟人有約，所以不能去，很抱歉！」

「謝謝你想到我！但我已經有安排了，可能沒辦法，對不起！」

與其讓對方覺得「我被拒絕了」，還不如讓對方感覺「我被感謝了」

更深得人心。

討好別人，不如取悅自己

看看你是否有以下情形？

◎很在意別人眼光
◎不太會拒絕人
◎多以別人想法為先
◎怕得罪人，時常說違心的話
◎對他人的反應很敏感
◎常陷入莫須有的自責
◎按照別人喜歡的方式去做事

如果有多項符合，你可能是討好型人格！

討好之所以活得累，是因為總是解讀別人的心，渴望透過認同得到喜愛，就意味著要處處迎合。這樣不斷委屈自己，真的就讓所有人滿意嗎？

不可能的。你再順從，都有人看你不順眼；你人再好，也無法討所有人歡心。

討好的人對自己也不可能滿意，因為根本沒時間做自己。

想討好全世界，必定討好不了自己

曾經有個畫家在街頭做了一個實驗。

早上，他把自己剛畫好的一副畫放在街頭，旁邊擺上一支筆，讓路人圈出他們最討厭的地方。

晚上，他去取畫的時候，發現整張畫上密密麻麻都是圓圈，幾乎每個地方都被人畫上了討厭的圓圈。

他很失望，但是又不甘心，他不相信自己的畫居然一文不值。於是，他再次把這幅畫放在街頭，只不過，這次是要求路人圈出自己最喜歡的地方。

結果，這幅畫依然被圓圈塗滿了，幾乎每一處，都有人畫上了象徵欣賞的圓圈！

所謂眾口難調，就像有人愛吃辣，有人不喜歡，各有所好。如果你不喜歡吃辣，卻遇到愛吃的人要你多吃，你順從配合，最終苦的是自己，累的是自己。而那些不喜歡你的人，就算你完全照著他的想法做，也不一定會滿意。

想起剛當主管時，常為別人對我的喜惡所苦。因為，當時我極力想讓單位裡的每一個人都認同我。某一個人對我有怨言，我就會想辦法取悅他；可是我所做的討好，又會讓另一個人不悅；然後當我想安撫這個人的時候，又會惹惱其他人。

後來我想通了：「別人的意見是好是壞，也只是另一人的看法而已。」

我決定放手去做，喜惡由人評說吧！

與其擔心別人厭惡，不如展現自己的美好

有一個故事，說一個年輕人因為總是不得志而鬱鬱寡歡。一天夜裡，他來找師父傾訴心中的苦悶，希望師父點撥。

師父指著窗外的植物問他是什麼？年輕人說：「夜來香。」

師父說：「對，可是夜來香為什麼只在夜裡開花，而不是在白天呢？」

年輕人啞然搖頭。

師父笑著說：「因為夜來香只願意取悅自己，它不像別的花，開在白天，只為了讓遊人觀賞和讚美，開在夜裡，就是自己的綻放，與別人是無關的。」

年輕人恍然大悟，臉上露出釋然的笑容，他知道了自己應該怎麼做。

人生短短數十載，自己活得開心才是最重要的。我們讀書、工作、學習各項技能、穿衣打扮、做任何事，都是為了讓自己變得更加美好，而不是為了討好別人。太顧慮他人必然迷失自己，把自己的喜怒哀樂交由別人掌控，怎麼可能開心？

我做我的，你做你的，只要沒打擾到別人就好，別人沒資格說三道四。如果你不喜歡，我也不介意，我活著又不是為了取悅你。

心理學家卡爾・榮格這麼說：「一個人穿了合腳的鞋，卻可能咬痛另一個人的腳；沒有一種生活方式能適合所有的人。每個人都有自己的生命計畫，那是絕對無法被取代。」

鞋穿起來舒不舒服只有自己知道。我們很難了解別人喜歡什麼，卻能輕易知道自己怎樣才開心，既然如此，為什麼不去做那件容易的事情？

不要拿自己的腳穿別人的鞋，別讓他人的腦袋決定自己人生。聽從內心的聲音，做你真正想做的事情。當你越認同自己所做的事情，就越不會受他人的意見左右。

穿自己的鞋，走自己的路，才能活出自己的人生。

凡事試圖做到一百分，結果可能不及格

凡事用盡全力做到最好，是不少優秀的人身上的特質。追求完美並沒有錯，但如果過分的完美導致苛責、否定自己或為難別人，就不好了。這不是追求，而是一種強求。

過度完美是最容易形成焦慮和壓力的因素，因為不管你把手頭上的事情做得多好，那顆追求完美的心總覺得自己就是不夠好。要求過高，不允許犯錯、失誤，會產生嚴重的挫敗感，你越會覺得自己糟糕透頂。

那麼，要如何改善？接受人都會犯錯的事實。請永遠記得，不管我們如何努力，我們永遠不會十全十美，沒有一個人能夠做到。你是如此，別人亦然。

每個人都有權利犯錯，因為那是學習的唯一方式。犯錯不代表你不夠好，而是自己可以更好；不允許自己有犯錯的空間，就沒有進步的空間。

所以，別因小瑕疵，全盤否定自己的努力，無需自責內疚，只要將錯誤視為學習機會，讓這不好的經歷更有價值，我們便能從負面的情緒中解脫，一切也因此改變。

完美主義是最高級的自我虐待

在電視台的選秀節目中，聽到了這樣一句話：「只要享受舞台就行了。」心有所感，有時我們都太追求完美，陷入自我懷疑，給自己太多壓力了。如果哪一天，我們能夠寬容對待自己，「就算唱錯又如何？我又不是專業歌手……。」當我們能夠這麼想，就能以輕鬆的心態去感受舞台的快樂。

在「人生的舞台」也應該是如此。承認自己不完美，如果我是六十分的我，我就是六十分的我，雖做不到一百分，但可以做得更好。當理解到我們總是盡最大努力時，寬容自己就不是那麼困難的事。

「先完成再完美。」如果一味追求完美，我們只會止步於開始。想寫作的人常有這種切身之痛，因為想寫出完美的開頭，然後才繼續往下寫，結果腸枯思竭，寫幾頁就只能沮喪地放棄。有經驗的作家也會遇到相同情況，但他們知道本來就是如此，也知道草稿可以修改，不糾結完美的時候才漸入佳境。

完美主義是最高級的自我虐待。很多人其實已經做得很棒了，已經做到九十分的好，卻還是為那十分的不好折磨自己。這不是自虐嗎？

英國倫敦有一間精神病院，院長對記者說：「在這裡的精神病患，如果他們知道失敗不是自己的過錯，且寬恕令他們引起罪惡感的內疚的話，這裡的病人一半以上都可以痊癒出院了。」

許多人最大的問題，就是不肯放過自己。當一個人想把每件事都做到一百分，那結果可能不及格。

你是自己最好的朋友，還是糟糕的夥伴？

一件事，想通了是天堂，想不通就是地獄。是否該停下來想想：我究竟為什麼需要如此完美？我是追求完美，還是挖掘自己最糟的部分？為什麼別人挑剔我的時候，我就耿耿於懷，對自己撻伐卻不以為意？

想像一種情境：我們身邊有個人，這個人從早到晚監督我們的一舉一動，然後他就開始評論：「哎呀，你又搞砸了？」「你就不能把事情做好嗎？」「你真沒用，連那個誰都比你強！」這個人喜歡揪住我們的錯誤不放，狠狠批判，把我們說得一無是處。然而奇怪的是，我們常不自覺地帶著他同行。

現在想像另一種情境，有一位朋友總是在身邊支持我們，說些溫暖的話語：「你是搞砸了，但是沒關係，這不是世界末日。」「你辛苦了，你的努力我有看見。」「你已經做的不錯了，別把自己逼得太緊！」假如有個朋友一直在背後鼓勵我們，提醒我們所擁有的才幹、能力、優點和可愛之處，那會有多美好？

我們都希望有這樣給自己正面力量的朋友。

其實我們有，那個人就是自己。

用對待好朋友的那種友善、關懷、寬容對待自己吧！打破對完美的執念，就先從跟自己做朋友開始。

想把事情做得更好有錯嗎？如果這種要求為身心帶來不良影響，還給身邊的人造成困擾，就有問題了。

沒有人是完美無缺的，不可能只有優點沒有缺點，與其找出瑕疵，改進缺點，不如發揮優點，更能成就更好的自己。

凡事難能盡善盡美，只需要最重要的那幾件事上做得「夠好」就很好。人生總是帶有缺憾，當我們不再強求，當下就是美好人生。

PART 2

他人的事，「尊重」就好

真正的錯誤是認為「自己的想法最正確」
別人怎麼說你，是他們的事
別人的情緒，不是你的責任
你越愛自己，就越不需要依賴別人
你我都無權干涉別人的人生

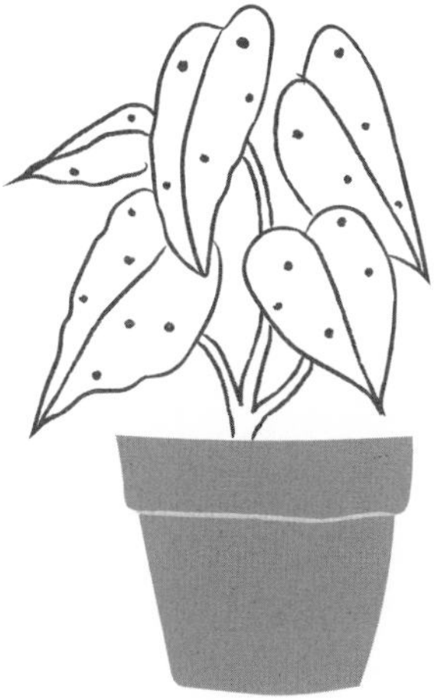

眞正的錯誤是認爲「自己的想法最正確」

人最常犯的錯誤就是：認為自己是對的。

人為什麼生氣？為什麼爭吵？因為認為自己是對的。

人為什麼無法溝通？歧異無法化解？因為堅持自己是對的。

這世上，誰都會認為自己是對的，因為站在自己的立場，自己的角度，自己的感受，怎麼可能是錯的？然而當別人和我們意見相左的時候，到底「誰對誰錯」？

有隻蝴蝶飛進屋子裡，努力往外飛，卻被玻璃窗擋住，牠一次又一次地撞到玻璃。

禪師的兩位弟子看到這一幕，其中一位弟子想：「這隻蝴蝶也太笨了，轉個彎再找別的出路，何必要走這條路呢？」

另一位弟子卻想：「蝴蝶真有毅力，屢戰屢敗，真是難能可貴。」

兩人提出各自的看法，竟也吵得不可開交，於是找禪師做個裁判。

禪師聽了搖頭說：「這世間萬事萬物都是一體兩面，何來對錯呢？」兩人聽後頓時醒悟，深感慚愧。

認為自己對，這沒有錯，但認為別人錯，卻是不對的。例如，此時此刻，我們看到日落，也有人看著它正在上升，雙方都堅持己見，永遠爭論不完。

不要以自己的「是」，去定義別人的「非」

在一場座談會中，聖嚴法師曾問在場的聽眾：「這個世界上有所謂的『客觀』嗎？」不少台下聽眾紛紛點頭。

不料，大師話鋒一轉，說：「不，這世上並沒有「客觀」。因為所有的『客觀』，其實都是出自我們的『主觀』。」

如果別人跟你觀點一樣，不代表「正確」，只是「觀點相同」，別人觀點不一樣，也不代表「錯誤」，只是「觀點不同」。真正錯誤的是強迫別人接受「自己的想法最正確」。

思考最大的障礙是自己的習慣。

如果我們腦海裡充斥著專斷的想法，往往任性的聽不見對方的話，將使我們變得越來越狂妄自大。我們捍衛想法的方式越是極端、越是頑固，對方的反彈也就越為激烈強硬，最終只會陷入僵局，相互傷害。

不要以自己的「是」，去定義別人的「非」。本來，每個人都有不同觀點，意見分歧很正常。你不見得要同意對方，但請尊重對方「可以有不同的意見」。

同樣，對方可以不同意你，不必說服別人贊同：「我才是對的」，只是單純去理解：「哦，你原來是這麼看的」、「原來對你而言，那是對的啊」。

明白這一點，就能打開思考的廣度，客觀理性地看待問題。

溝通是在處理「兩個都對」的事

有句話說得好：溝通不是在處理「誰對誰錯」的事，溝通是在處理「兩個都對」的事。

深以為然。我們要經常的反思：「我認為對的事情，真的對嗎？放在別人身上，也是對的嗎？」當你覺得自己是對的時候，有沒有想過，對方也覺得他是對的？如果是這樣，兩者要如何共存呢？這樣的思考，讓我們進一步有了理解和包容。

在表達你的觀點前，你可以這麼說：「你說的沒錯」、「從你觀點來看，我能體會」。承認對方的感知和想法，然後再說明你的看法，溝通就會暢通。

每一個人都覺得自己是對的，才會去做每件事。有時候，別人看起來毫無道理可言的舉動，只不過是出於一套與我們不同的觀點。試著倒過來想：「他一定有他的道理，只是我不知道而已。」只要認知每個觀點背後必有道理，就無須動怒，衝突爭端便會消弭於無形。

與人紛爭的時候，什麼最重要？對錯？是非？自尊？面子？輸贏？

答案是彼此的感情。

所謂的贏，能贏到什麼？得到什麼？所謂的輸，又輸了什麼？失去了什麼呢？人生最不值得「爭贏道理，輸掉感情」。

有爭論就會有輸贏，就會有傷害，要避免只有一種方法，那就是儘量避免爭辯。下次發現自己又陷入爭吵時，提醒自己：「或許我搞錯了」，只要不堅持自己是對的，爭論不會持續下去。

別人怎麼說你，是他們的事

我們經常會為了別人無禮的態度，不善的眼神，無心的一句話，而被左右了一整天的心情：那個人為什麼這樣對我？為什麼他會有那種表情？為什麼他用這種態度？為什麼他會說那些話？是不是我的問題？

這是因為我們很在乎別人的看法，總認為別人是針對自己。事實上，那個人就跟你我認識的多數人一樣，他們並非絕對理性、客觀，他們可能充滿自私、偏見、情緒化，甚至愛吹毛求疵。這是大家首先必須明白的，不管別人怎麼對你，與你不太相干——而是與他們自己有關。

同樣一個你，有些人對你釋出善意，有些人對你不懷好意，有些人會真心對你，有些人會故意針對你。有時，別人怎麼對待你，取決於對方的為人，而非你是怎樣的人。

人們外在的表現都是內心的呈現。我們可以看到那些喜歡批評別人的人，多半自己也有問題。當一個人心存惡念時，就特別容易看出別人的錯誤；抱怨最多的人，往往也最多麻煩的人。我們不需要把別人的負面言行歸因在自己，否則內心將跌宕起伏、無所適從。

看清對方的為人，而非你是怎樣的人

有位記者訪問暢銷小說家賈姬．考琳絲，他問她，對於某些人說「寫羅曼史小說太容易了！誰都寫得出來」這種話的反應。她回答：「隨他們去！」

也曾有球迷問柯比．布萊恩：「作為一個超級明星，你是怎樣面對每天人們對你的批評，甚至還有一些討厭你的人呢？」

他對此回答道：「我不關心。」

雖只有短短幾個字，但寓意深遠。

不是別人說好，你就很好；也不是別人說你壞，代表你就是糟糕的人。我們的好，也不會因為別人否定就不存在。

蔡康永說：「鏡子很髒的時候，我們並不會誤以為是自己的臉髒；那為什麼別人隨口說出糟糕的話時，我們要覺得糟糕的是我們自己？」

遇到批評時，要做到不受到他人影響，你需要學著判斷，而非習慣性地自我懷疑、自責，或氣急敗壞。

舉例來說：如果有人這樣說我：「你頭上有好多白髮。」本來就是，我不會認為對方在批評我，因為他說的沒錯。

然而，如果別人說我：「你頭上長角。」也沒必要生氣，因為他說的不是事實，這時你會很清楚地意識到這個人有問題。

想像一下，有一個醉鬼在街頭對你大聲地叫罵著：「你只會把事情搞砸，你是個大混蛋！」你會如何反應？你根本不會去理他，或者會繼續做你正在做的事，對嗎？

漠視比憤怒有效，不反應才是最大的勝利

看過一句話：「假如你是一棵樹，別人對你的態度就是一陣又一陣的風。如果你總是很在意，隨便一陣風都會把你劇烈搖動，甚至將你吹倒。」面對惡意的言行，漠視比憤怒有效，不反應才是最大的勝利。

我聽說，英國首相威爾遜在競選時，有一回，當他演說到一半，有個搗蛋分子竟高聲大喊：「狗屎！垃圾！」

很顯然的，這個人是在嘲諷他：「別胡說八道了！」

但威爾遜故意「裝傻」，不理會他的本意，然後報以微笑，安撫他說：「這位先生，請稍安勿躁，待會我就會談到你提出的髒亂問題了！」

邱吉爾有一次在公開場合演講，也曾遇過類似的狀況。由台下遞上來一張紙條，上面只寫著兩個字——「笨蛋」。

邱吉爾知道台下有反對他的人正等著看他出糗，便氣定神閒地對大家說：「剛才我收到一封信，可惜寫信的人只簽了名，忘了寫內容。」

要知道別人有嘴，但不一定有腦。你管不住別人的嘴，但可以聽聽就好，不必一般見識。不認同的人，何必放在心上？

某人說的話，會讓你感到憤怒、難過、害怕、受傷的情緒反應，可能是你也有同感，或許你多少認同他的話，才會那麼介意。如果他說的不是事實，他與你無關，就不需要耿耿於懷。

下回當你受到批評，惡意對待時，想想這些言行出自何人，他們對你的瞭解度，以及你對他們的尊敬度。你將發現這些評論和看法對你意義不大。

在意你的人不會傷你，傷你的人並不在意你，沒必要放在心裡。只要不在乎，就一根毫毛也傷不了。

別人的情緒，不是你的責任

你有沒有發現，自己總是不經意地受到別人的情緒影響？一個緊張的人會使你也跟著緊張，憤怒的人會激起你的怒火，跟有壓力的人相處時，自己會變得緊繃起來。和心情沮喪的人在一起，也會變得抑鬱起來。

生活中，我們也常常碰到類似的情況：主管踏進辦公室的那一瞬間，就「接收」到他的怒氣，情緒也隨之波動；服務生對你不耐煩，甚至冷落你，原本愉快的心情消失殆盡；孩子或父母言語激烈的訴說對生活周遭不滿時，你也會跟著開始感到生氣、擔心、煩惱，感染上原本屬於他們的情緒。

負面情緒一定會傳染嗎？不一定。第一步是「立下情緒界線」，不要一看到別人有情緒反應，就覺得自己有責任。

其次，允許別人表達情緒的自由，我們能做的是尊重、理解，但不批判，不介入，就不會捲入別人的情緒中。

世上最累的事，是為別人的情緒負責

一位朋友跟我聊他的婚姻，說他受不了老婆性格強勢，脾氣大，加上一些其他日常生活瑣事的矛盾，讓他疲憊不堪。

當我離開時，感覺自己變得跟那位朋友一樣，疲憊不堪。我花了些時間檢視後才驚覺，原來我被感染了，不自覺地承接他的負面情緒。

有時我們會因為疏於自我保護，而不斷吸納別人的負面感覺，補救之道就是學會分辨哪些是自己的情緒，哪些是別人的。我們不需要接收這些負面情緒，更不必把這些負面情緒帶在身上。想想，當你走在路上，如果有輛車將泥濘濺到你身上，你會怎麼做？當然是盡快清理乾淨，然後繼續上路，對嗎？

有位女士退休後常常回娘家照顧年邁的父母，母親因為視力受損到幾乎失明，常常發脾氣，老是抱怨，受到母親的影響，她也經常陷入低潮。後來她體悟到，「反正說什麼都不可能改變母親，持續下去，最終只會換來身心俱疲。要學會聽聽就好！」從此回家陪兩老，母親還是不斷抱怨，但她更能自在地享受天倫之樂。

並不是他人抱怨讓你無力，而是你的在意讓你無力；並不是他人的境遇讓你難過，而是你的關心讓你難過；並不是他心情不好讓你鬱悶，而是你的憂心讓你鬱悶。世上最累的事，是為別人的情緒負責。

放掉那些原本就不屬於你的情緒和責任，並不是自私、冷漠或不在乎他人的感受，如果自己都自顧不暇了，更不用說關照其他人，對嗎？

不要因對方心情很糟，就不允許自己快樂

心靈作家李察・柏德寫過一篇文章。

有個老婦人，每個星期固定打一通電話給她的母親請安，總期待母親能和顏悅色對她說幾句話，然而，每次她都含淚掛上電話。幾十年來，她都未間斷，一次又一次的嘗試，又一次一次的傷透了心。

「我總是充滿同情的聽著這位婦人向我訴苦，也看著她努力試圖從孩子和朋友那兒，找尋她母親所不能給予她的感受。我多麼希望在某個無眠的夜，她能突然醒悟：自己浪費了一生的時間，在向他人索求的只有自己才能給的東西呀！」

不要因為對方心情不好，就不允許自己開心。既然自己會受他人的影響而變得心情低落，那麼別人也會因自己而變得心情不好，你就要學會及時調

整情緒，不讓自己的壞情緒傳染其他人。

記住，別人的情緒，不是你的責任。你要先安頓好自己的情緒，才是為自己的情緒負責。如此，你也能找回自己情緒的主導權。

假如有個人對你抱怨，讓你煩躁不安。那麼你可以試著這麼想：那個人對你抱怨，而你煩躁不安。

接下來可以這麼想：那個人對你抱怨，你變得煩躁不安。

再接下來可以這麼想：那個人對你抱怨，你讓自己感受煩躁不安的感覺。

如果你可以讓自己感受煩躁不安的感覺，這就表示你也可以讓自己感受其他的感覺。你比較想要感受什麼樣的感覺呢？是平靜嗎？那就把原本的感受改成平靜的感覺吧。

你已經可以控制自己的情緒了，所以你只要不斷地提醒自己「我選擇感受平靜的感覺」即可。

你越愛自己，就越不需要依賴別人

女兒小學的時候，回家時的心情很不好。她說：「朵拉不喜歡我！」

我說，「你喜歡你自己嗎？」

「喜歡啊，我當然喜歡我自己。」

我說：「好啦，這樣就夠了。」

她立刻覺得好多了。沒有人能夠讓每個人喜歡，可是每個人都可以捫心自問：你是不是喜歡自己？

愛是從自己開始，而不是從他人開始。別人的看法，你改變不了，自己真實感受，也騙不過內心。

我們常以為長得漂亮，工作能力強，一定就會充滿自信，但事實卻不盡然。我看過許多才貌出眾的人，卻對自己充滿了批判和否定。看不見自己的價值，就會轉向外在，透過不斷表現、贏得讚美來尋求他人肯定。而越是在意他人眼光，會越沒自信。

同樣地，有人努力想得到別人喜愛，其實內心深處覺得自己不夠好，不相信自己值得被愛。然而如果無法打從內心喜愛自己，就算有無數人站在你面前說愛你，你依然會懷疑。

別人怎麼看你，取決於你怎麼看自己

有位女藝人接受訪談，主持人問她：「你最沒自信的地方在哪？」

她說：「長相。」為此，她有段時間相當不喜歡自己。

主持人又問：「為什麼隨著年齡的增長，你反而越來越自信呢？」

她回答：「接受自己。」

看見自己的所有。也許你外貌普通，許多方面不如別人，還有不少缺點，但你要接納自己的本來面目：「這就是我。」當你能以目前的樣子來愛自己，神奇的自信便形成了。

要知道，別人是以你看待自己的方式看待你。你對自己自憐，人們會抱以憐憫；如果你覺得自己渺小，就會有人輕賤你。反過來，如果你覺得自己很強大，別人也不會隨便輕視你；當你充滿自信，別人自然會被吸引，魅力也隨之而生。

你看許多諧星，藝人貌不驚人，舉手投足間盡是自信。自己怎麼想，始終是最重要的。

想像一下，你有一個價值百萬的花瓶，你絕不會任意丟置，你不會讓它受損傷，不會隨意把價格壓低賣出。那麼，你也要這樣看待自己。

當然，這世上有人喜歡你，就會有人不喜歡，甚至刻意排擠你。然而，你為什麼要花時間去在意那些人呢？別人不喜歡，難道就表示你沒價值嗎？還是說，是他們沒品味呢？

有一位藝人說得好：討厭我的人多的是，你算老幾？

對「討厭你的人」最好的反擊，是繼續堅持做自己。既然你討厭我，我又何必在乎你。看看一些擁有大量粉絲的偶像、巨星、領導人，也有眾多的人對他們不滿。但那又怎麼樣？他們非常清楚：不需要每個人都喜歡我。

喜歡你是自己的事，不是別人的事

心理學家阿德勒說：「培養勇氣的第一步，就是不怕討人厭，唯有如此，才能獲得自由，活出真我。」只要我們一直想討好別人，就會感到恐懼。無所畏懼，只有當你不再渴求外在的讚賞，在你下定決心做自己時才會出現。

所以，與其擔心害怕：「我不想讓人發現我是這樣的人，因為他們會不喜歡我。」不如開始這麼想：「我想讓他們知道我就是這樣，因為我想做自己的決心，更勝於讓他們喜歡我。我希望每個人認識真正的我，我不會再為了讓自己看起來很棒而裝模作樣。」

我們可以活得更真實一點，過得自在一點，隨性一點，你會更喜歡你自己。因為喜歡自己，就不缺誰的肯定；因為喜歡自己，就不用等著誰的關愛；你越喜愛自己，就越不需要依賴別人。

同時，接受別人有不喜歡的自由。你也不是喜歡這世上的所有人，怎麼可能所有人都喜歡你？

試著對自己大聲、肯定的說三次：「我喜歡我自己！」

有什麼感覺？是緊張？心虛？還是陌生？

或是感覺心情翻湧、眼眶發熱，有一種好久沒被愛的感動？

抑或是發覺，說出喜歡自己，竟然是那麼不容易？

從今天開始，每天複誦這句話：「我喜歡我自己。」

想像一下，有人對你全然接納，喜歡你的一切，是否讓你自信與自尊大增？

每天說出：「我喜歡我自己，因為……」的語句，就像一句神奇的魔咒，你會越來越喜歡這樣的自己。

你我都無權干涉別人的人生

先問大家一個問題，大家想不想自己的生活被干涉呢？

幾乎所有人都不想，但我們卻喜歡插手、指點別人，還喜歡按照自己的想法來告訴別人該怎麼做，不經意就干涉了他人的生活。

你或許會說，我沒有干涉啊，只是想幫助他。那你知道他想要什麼？有尊重他的意願嗎？

人們常常把干涉與幫助混在一起。別人有需求，有請求，才是幫助；別人沒需要，沒意願，就是干涉，這是兩回事。

我們總是會用「為你好」的名義，也不問別人想要什麼樣的生活，只是根據自己的觀點去品頭論足。都老大不小了，怎麼還不結婚生子？你應該找不同的工作，你應該去做這個，做那個……。把自己的經驗強行套在別人身上，而對於自己不認同的想法就加以批判，那是干涉不是幫助。

想過嗎？本來是出自好意幫助，為什麼別人不領情，會生一肚子氣？為什麼善意關心，最後彼此不開心？

比袖手旁觀更糟的，是對別人指手畫腳

人天性渴望自由，討厭束縛，即使關係再好，也要有分寸。過度關心，只會適得其反。

最普遍的是父母管太多，什麼都要知道，什麼都要幫，控制欲太強，不給孩子獨立空間，只會讓人覺得厭煩，有時擦槍走火，就產生口角、衝突。這類的親子問題，並不是缺乏關愛，而是缺乏尊重。

「你可以牽一匹馬到水邊，但是你沒法強迫牠喝水。」人們會根據自己的想法去做，而不會事事聽從你的意思，對吧！如果我們能了解，何不就尊重他們的做法，不要期待他們都聽你的。

關心朋友固然好，關心過度就會造成別人的困擾，特別是喜歡多管閒事，愛問隱私，干涉對方的私事。

遇到一個冒失的傢伙，知道辦公室助理年過三十未婚，偏偏不識相的問：「你怎麼不結婚？」她笑笑帶過，想避開這個話題。結果對方還不放過：「是太挑嗎？年紀大了不擔心嗎？」

你也管太多了吧！我見助理不置可否，索性幫她回答：「因為她家住在海邊。」

他好奇問道：「住在海邊跟沒結婚有什麼關係？」

「那她有沒有結婚跟你有什麼關係？」

「我的人生需要你的指點，但不需要你指指點點。」很認同這句話。不要把自己的手，在別人的生活裡伸得太長。比袖手旁觀更糟的，是對別人的生活指手畫腳。

要想無事，少管閒事

有個女人去找一位智者，她說：「我的先生對我非常的壞。」

智者說：「那不關我的事。」

可是，那位女人繼續說，「不只如此，他也說你的壞話。」

智者說：「那不干你的事。」

要想無事，少管閒事。別人的事不插手，自己的事不被干涉，是對自己和別人的最大尊重。

俗話說：「各人自掃門前雪，莫管他人瓦上霜。」以前總覺得這話說得太自私，如果每個人都自掃門前雪，這世界不是變得一片雜亂？慢慢成熟才領會，其實每個人都把自家掃乾淨，全世界就變乾淨了。

別人的人生想怎麼過，他們開心就好。當你看不慣時，無非就是拿自己的標準去要求別人。將自己的想法強加於人，別人也會看不慣你。畢竟你的生活方式，不等於別人的。你有你的日子要過，他也有他的人生要走。就算那條路不好走，那也是他選擇的、喜歡的，你我都無權干涉。

尊重別人的喜好。你不喜歡，可以不看不理，不要說三道四。

尊重別人的習慣。你看得慣也好，看不慣也好，那是別人的生活。

尊重別人的選擇。你可以給意見，但不干涉，真正做決定和承擔責任的他。

你希望別人怎樣尊重你？寫下三點，然後按自己寫的去做。

尊重是相互的，尊重別人就是尊重自己。讓他成為他自己，也是讓彼此自由。

PART 3

老天的事，「臣服」就好

專注你可以掌控的，放下不能掌控的
管不了的，就交給上天安排
這個世界原本就是不公平的
一切不如意，都只是暫時
發生在你身上的事都是有意義的

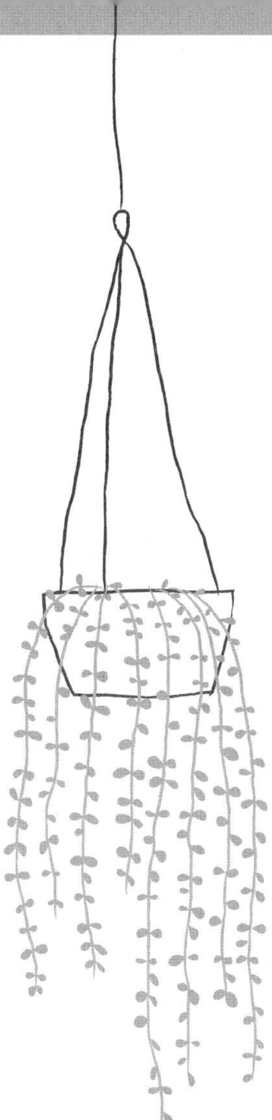

專注你可以掌控的，放下不能掌控的

這世界上的事可以分成兩種，一種是我們能掌控，一種是不能掌控的。

我投資股票，我準時開車出門，我認真準備面試，我凌晨上山看日出，我每天鍛鍊身體，我努力改善關係，這些是我能掌控的。

我買的股票會不會漲？路上會不會塞車？是否能看見日出？面試會不會被錄取？身體會不會生病？我對人好，別人是否也會對我好？這些是我不能掌控的。

當事情發生時，辨認哪些是「可控制」，哪些是「不可控制」，是最重要的。執著控制不了的事，只是浪費時間和精力，讓心裡糾結，陷入深深的無力感。相反地，把注意力轉到自己可以控制的事情上，就能找回內在的力量。

把焦點放在現在可以做的事情上面

有一個男子，跟著一位高僧一起旅行。正當兩人走在一條蜿蜒且看不見終點的山徑上，天空突然下起大雨。

男子遮著頭，慌慌張張地跑奔跑起來，跑了一段路才發現，高僧還慢條斯理地在後頭踱步。男子連忙回頭，說：「師父，下大雨了，您怎麼還在慢慢走呢？」

「跑得再快有什麼用？前面不是也在下雨嗎？」高僧說：「忍一忍，也就過了。」

男子覺得高僧說的很有道理，更覺得他這番話聽起來頗有禪意，便牢牢記在心裡。

兩人繼續前行，幾天之後來到一座城鎮。走著走著，天空猛然地降下大雨。男子正想要跑，想起上回高僧的開示，便放慢了腳步，在雨中緩緩地前進。不料，突然一個身影從他身邊衝過，倉促地前往前跑去，差點把他撞倒。男子定睛一看，那人影不是別人，正是那個高僧。

男子追上前去，有點生氣地對高僧說：「師父，您不是要我下雨時『忍一忍，也就過了』嗎？怎麼這回您跑得比誰都快呢？」

高僧露出理所當然的表情，指指頭頂：「山上沒有屋簷躲雨，跑了也沒用；這裡有屋簷可以躲雨，不跑的才是傻瓜了！」

「專注你可以掌控的，放下不能掌控的。」這也是我常提醒自己的一句話。它幫助我面對不如意時，從容自在，隨遇而安。

沒錯，遇上下雨你沒輒，但你可以選擇自己的反應方式。你無法左右天氣，但可以決定你的心情；你無法改變身邊的人，但可以改變是誰在你身邊；

你不能控制升遷，但可以控制自己的工作表現，讓上司認為該你給升遷。你不能控制塞車，但你可以聽廣播、音樂、線上課程，或用這段時間擬定計畫。

人生無法預期，唯一能做的就是安頓好自己

想重拾生活掌控權，只要問自己一個簡單的問題：「我的這個想法、言行或作為是會消耗，還是會增強我的能力？」如果會帶來內耗，就立刻停止，把精力放在你可以掌控且能力所及的事。

曾在電影中扮演「超人」的克里斯多福・李維，在一次馬術競賽中意外落馬，導致終身癱瘓，使他一度絕望想過自殺。之後看到兒子家人如此需要他，便決定好好活下去，還成立癱瘓資源中心，造福人群。

他的人生著重在自己能做的事，而不是受限於能力。如此一來，他發現自己每天的機會是無限的。他在一次訪問中肯切說到：「我能做的最棒的一

件事，是在一天開始時問自己：好，我今天能做哪些事？打通電話，寫封信，或是跟某個需要談談的人見面？」

就像路邊的花草樹木，遇到狂風暴雨那是老天的事，「好好生長」才是自己的事。人生無法預期，人唯一能做的就是安頓好自己。

是的，「人生牌局是在你拿到牌之後才開始」。我們不能控制自己的牌好還是壞，哪怕拿到的是一手爛牌，也可以打得漂亮。

管理學家史蒂芬・柯維曾提出「關注圈和影響圈」的理論。

我們能控制的事情就是「影響圈」，對我們有影響但我們改變不了的事情是「關注圈」。

畫出一個「關注圈」，把無法實際控制的事情（如升職加薪、別人的情緒、主管的肯定）列在裡面，從我們的生活中剔除。

再畫出一個「影響圈」，把自己可以掌握的事情（如自己的處事原則、努力程度、學歷技能）列在裡面，並投入努力改變。

不浪費時間與精力在「關注圈」，而是將注意力放在「影響圈」，就會慢慢地將能改變的事加以擴大。

管不了的，就交給上天安排

生活總充滿變數與挑戰，突如其來的變故，都讓我體會到計畫永遠趕不上變化。這些年襲擊全球的新冠疫情，便給了我們這寶貴的一課，面對混沌不明的未來，難免會焦慮不安，我們需練習「臣服」，才能讓心情平靜，思緒平息，從緊繃的狀態裡鬆開來。

什麼是「臣服」？很多人以為臣服是認命，消極地放棄，什麼都不做。這是誤解，真正的臣服是信任，積極地放下，全然擁抱當下。

當你遭遇某種困境，感到焦慮、恐慌時；

當你需要做重大決策，處在徬徨、無助時；
當你無論怎樣努力仍改變不了，投入的心血都付諸流水時；
當你被傷害、被誤解、被背叛，內心糾結，過不去時；
當你面對病痛，怕失去摯親，受憂鬱所苦，走不出陰霾時；
當你不知何去何從，不知該怎麼辦時；
學習「臣服」：做你能做的，剩下就交給上天安排。

比起努力，我們更需要的是信任

麗莎的父親癌末，性命危在旦夕，她心情隨著父親病況起伏不定。一天晚上她向上天禱告：「親愛的上帝，我希望父親活下來，但對父親來說這並不見得是最好的。因此我現在把他交給您，讓您做最好的安排。」

在那在一瞬間，她覺得如釋重負。不管上天的安排是什麼，她知道對父親都是好的。兩星期後，她的父親去世了。她想著父親不必繼續痛苦折磨。她想開了，顯然，這就是最好的安排。

放下，交託上天，說來容易，但真正做到卻很難。你是否聽過這個故事：有一個人挑著很重的擔子，一位好心的貨車司機經過，邀請他上車，抵達以後，問他是不是好多了，他卻搖搖頭，原來，他坐在後頭還是挑著擔子……。

能夠交託到什麼程度，絕對跟信任深度有關。此刻，比起努力，我們更需要的是信任。

我們要對人生的際遇有信心。相信生活中所呈現的一切，都在成就我們的生命，即使結果未必照著我們所想的，那也必有上天的美意。這就是臣服。

伯納丁主教提醒世人：「放手並不容易。你想要掌控生命，但上帝希望你把一切都交給祂。」在最困難的時候，將心交付，你越早交出，越能舒心安適。

放下之後才會發現，生活可以這樣海闊天空

想起一則報導，洛杉磯有個女節目主持人有次深入貧民區，訪問了當地一位有愛心的婦人。

這位婦人孀居了好幾年，背負了沉重的生活擔子，但卻撫養了六名子女，同時還領養了十幾名孤兒。

這名節目主持人後來忍不住問道：「你這些年來養育了這麼多的孩子，而且個個爭氣，你究竟是怎麼做到的？」

這名婦人回答道：「很簡單嘛，我有個很好的老伴。」

「妳不是已經……」那位節目主持人張嘴結舌地問。

「對啊，這個好老伴就是上帝嘛！我有次對上帝說道『主啊！我來工作，其他就讓你去擔憂吧！』從此以後，我便什麼都不想了。」

原本以為承受不了的事，難熬的苦，難解的結，難過的關，放下之後才會發現，生活可以這樣海闊天空。

原本在當下難以接受的困境，突如其來的變故，困惑不解的遭遇，在過後某一時刻會突然覺得，一切都是最好的安排。

你管不了的，就交給上天吧！

不幸降臨之際，我們很難了解它的意義。所以，困惑之心便隨之而生。很自然地，我們會猜忌、否定、抗拒，我們會懷疑：「為什麼？」

信任是臣服的第一課：信任自己、相信靈魂的旅程、相信自己內在的力量、相信一切都是最好的安排，就會產生信心。

信心，就是放心的意思。引用高靈伊曼紐之《宇宙逍遙遊》中的話：

「沒有一顆心，當它的安全被保證時，不立刻開放的。」

這個世界原本就是不公平的

人生不公平：有些人家境優渥，有些人家境貧困；有些人的父母很慈祥，有些人的父母很糟糕；有人能力普通，薪水卻很高；有人身兼數職，卻只夠養家餬口；有人事事順利，有人處處碰壁；有些人就是比你有天分，有些人就是比你顏值高；有人老實卻受盡不平待遇，大好年華卻罹患重症……。

別再埋怨，也別再耿耿於懷了，老天本來就不公平，而且這不公平是雙向的。有些人確實不幸，但不管你覺得自己多不幸，必定有人和你一樣，甚至更悲慘，只是我們活在自己的小小天地時，常看不到這一點。

比如，罹患癌症，很不幸吧，但如果你到醫院腫瘤科去看，就會發現門診爆滿，一床難求。再比方，作為平民百姓，人輕言微，不受重視；而作為公眾人物出什麼錯都會被放大檢視，被輿論撻伐。

不公平是相對的。你得到什麼，同時也失去些什麼。得到的越多，也必須比別人承受更多。我們感覺底層的人抱怨不公的多，是因為能聽到他們的聲音。頂層的人一樣抱怨，只是聽到的少而已。

不公平是我們生命中的契機

我們渴求公平，正因為世界本不公平。但不管我們怎麼抱怨，發洩不滿，世界也不會為你改變。所以重要的不是判斷是否公平，而是反思如何改變不公的現狀。

一位剛上班不久的年輕人對朋友大吐苦水：「老闆對我有成見，老是對我百般挑剔。說我電腦不精通，文案創意更是一團糟。總之做什麼都不行。」

「你覺得你老闆說的對不對？」朋友問。

年輕人說：「我覺得自己完全可以勝任這份工作，是老闆偏心。」

朋友建議說：「你現在先不用抱怨。既然老闆這麼壞，何不氣氣他。用他公司的電腦學習，利用在他公司的機會提高你的文案設計能力，然後再離職。要讓他失去一位千里馬而後悔。」

這位朋友回去後埋頭苦學，終於很快進入狀況，在同事中顯得格外突出優秀。

半年後，朋友碰見那位年輕人。那位年輕人忍不住地說：「你怎麼不問我是否被老闆炒魷魚，或炒了老闆魷魚？」

「如果你照我的建議去做了的話，你現在應該是被老闆委以重任，而不再滿腹牢騷。」朋友說。

「你真料事如神啊！」這位朋友感嘆道，「我回去以後，加倍苦練，表現出色。我本想離職，但老闆卻升我當部門主管，而且非常尊重我的意見。」

「這是你不再抱怨而堅持努力的應有回報啊！」朋友道。

我們所追求的公平，不就是讓自己有一個可以施展的機會嗎？有時不公平是一件好事，激勵我們變成動力，去扭轉這種不公，激發出更好的自己。

你越強大，世界就越公平

話說明朝中葉，正德皇帝頑劣，劉謹等宦官弄權。王陽明上書勸諫，被劉謹下了大獄。關押一個月後，廷杖四十，被貶到了貴州龍場。

在那裡瘴氣圍繞，野獸橫行，居無定所，食不果腹。一般人遇到這種悲慘的遭遇，通常都會大聲吶喊：「老天爺真的不公平，為什麼是我？」

但是王陽明並沒有懷憂喪志，一籌莫展，他帶著侍從，先把驛站建了起來。並開始靜心沉思，探索人生的真諦，終於悟出了「心學」。

接著他開始講學，把自己對人生的觀點，教給老百姓。因為他覺得當地民風剽悍，經常械鬥，就想把儒家的思想美德傳播出去。先在貴州龍場上課，後來被請到了貴州省，慢慢的，又升到江西知縣，回到官場。

每個人都在面對不公平，只不過是有的人認命，有人拚命。「你越強大，世界越公平！」所以，別再抱怨這個世界對你不公平了，唯一能讓它變公平的，就是你自己。

一直很欣賞一句話，「不公平的並非生命本身，而是我們看它的角度。」

想想看，我們如何解釋生長在貧民窟，由單親撫養長大的雙胞胎，一個留在貧民窟遊手好閒，一個卻成為全國青年的領袖？而我們又該如何解釋，生長在高級社區，由受過高等教育的雙親撫養長大的兩個小孩，一個當上法官，一個卻因販毒入獄？

同一波浪會公平地將所有船隻，推向同樣的高度。如何面對不公平，完全操之在自己。

一切不如意，都只是暫時

萬事萬物都是變動不居，從來不曾一刻靜止過。星球旋轉、四季遷移、日出日落、潮起潮落，悲歡離合，一切都不停的在變。情人會變心，事情會變卦，如日中天的事業突然夭折，今天還活著的人，明天可能就不在。意外總是不經意地襲來，讓人措手不及，這就是「諸行無常」的真相。

無常未必是不好的。從得到失是無常，從不好變成好也是無常；昨日的璀璨亮麗，不代表明日閃亮依舊；今日黑天暗地，也許明日豔陽高照。無常是「變化不定」，或者，更精確的說，「無常就是轉變的可能」。因為無常，便曉得苦不會是永遠的苦，樂也不會是永遠的樂，都只是暫時的過程。

或許你的人生正處在低谷，正在黑暗中掙扎，卡在十字路口中迷茫，或是亂七八糟的事而煩惱，憂心忡忡，不知所措。不要急，耐心點。當下的不如意是因為你正在經歷這個過程，過了就沒事了。

世事無常，只是需要一點耐心而已

一次，佛陀帶著幾位弟子出行時經過一片森林。那天天氣很熱，日正當中，他口渴了，就吩咐他的弟子阿南達：「你回去，我們剛才跨過一條小溪，去幫我拿一些水來。」

阿南達回頭找到了那條小溪，但小溪實在太小了，一些車子經過之後，溪水被攪得的很渾濁，沉在河底的爛泥都浮上來，水已經不能喝了。他回去告訴佛陀說：「那小溪的水已變得很髒，不能喝了，我知道有一條河離這裡只有幾里路，讓我去那裡為您取水吧。」

佛陀說：「不，你回到小溪那裡。」

阿南達表面遵從，但內心並不服氣，他認為時間並不會改變水質，只是浪費時間，讓自己白跑一趟。他走到那裡，發現水比剛才清澈了一些，但還殘留許多泥沙，仍舊不能喝。於是，他又跑回來說：「您為什麼要堅持？」

佛陀並不解釋，只是堅持說：「你再去。」無奈的阿南達只好遵從。

當他再到溪邊的時候，發現溪水就像原來一樣清澈，泥沙都流走了，枯葉不見了，水又再度變得純淨。阿南達笑了，快步取水回去，拜在佛陀腳下說：「您給我上了偉大的一課，世事無常，只是需要一點耐心而已。」

溪水由清變濁、由濁變清，都只是一時。我們現在所在意的、計較的、失去的、難過的，不過是生命長河裡短暫的一段。好事壞事，都會成為過去。

再長的黑夜，都會迎來黎明

回顧過去大大小小的困難困境，現在回頭望，都只是過程罷了。當時覺得快要撐不住，走不下去，最終不也度過？

生活就是泥沙俱下，悲喜交加，苦樂參半。如果你只看到山窮水盡，生活便十分艱難；看見柳暗花明，生活才有希望。人生面臨無路可走，堵死我們的從來不是路，而是我們狹隘的心。等真的沒退路，就會發現眼前的路都能走。

有位朋友希望能升任主管，為此他除了盡忠職守外，還比同事更加賣力工作，然而人事命令頒布時，卻夢想落空，他感到萬念俱灰。不久他便離職去創業。如今他擁有自己的公司，而經營自己事業的成就感，也不是過去能相提並論的。

不要對挫折嘆氣，姑且把這一切看成是在你成大事之前，必須經受的準備工作。

文學家普希金這一段話，我幾十年來一直忘不了，因為從學生時代起，我就把它當座右銘：「一切都是暫時的，一切都會消逝。一切逝去的，都會變成美好的回憶。」

沒有下不完的雨，沒有一個春天不會到來。人到絕境就會重生。只要我們一直向前走，天總會亮。挺過去，別放棄，相信一切都會過去，一切都會好起來！

如果你今天過得很好，那就享受它；不是很如意，也不用難過，一切都是暫時的。以這種角度、觀點來看世界，你將不再患得患失。

因為一切都是暫時。在失意時，不必自暴自棄；在順境時，也不必得意忘形。

因為一切都是暫時。你更加珍惜現在所擁有的；也沒有什麼事是放不下的。

因為一切都是暫時。痛苦不會長久，希望永遠存在。

發生在你身上的事都是有意義的

每當生活出了差錯時，我們總會抱怨上天，心中反覆質疑：為什麼是我？為什麼這種事會落到我頭上？我怎麼這麼倒楣，老是遇到這種事？

許多人把生活的考驗當作是一種詛咒，是上天給的懲罰；這類思考會下意識的認為自己是受害者，想法更加負面。其實，我們來到這個世上就是一個學習的過程，生命中遇到的一切，都是用來幫我們成長的。

生命中遭遇的阻礙，都是生命課題的線索。我的問題，對你不會造成困擾；你覺得苦惱，對我來說根本不是個問題。因為每個人的課題都不同。

有時候你發現自己遇到的人事物一直在重演，有些情節一再發生，反覆遇到同樣的困境，被卡在一個痛苦的情境裡脫不了身，怎麼回事？

任何你沒學會的功課，都會以不同面貌不斷出現在你的生命中，一遍不行再第二遍、第二遍不行再第三遍，直到你學會為止。

不斷重複的問題，就是直搗你的罩門而來的

心靈導師柯林．蒂平這麼說：「在心靈的層次，凡事皆事出有由，任何事件的發生都是神聖的安排，不幸的事件並非發生在我們身上，而是為我們而發生。」

多年來，我在心靈成長這條路上，經歷和見證許多人生命的轉變，如今完全了解他在說什麼。

所謂逆境，就是直搗我們的罩門而來的。每一個打擊都存在著自己看不

到的盲點，每一次的挫折都揭開內在的弱點，都是最好審視自我的機會。

有位身障學生，在成功地完成演奏會後，他告訴我：現在的他，對當年傷害他的人，心中沒有怨恨，反而充滿感謝，若不是那段被拒於千里之外的人生挫折，就沒有現在的他，能突破先天的障礙與限制，站在舞臺上。

另一位太太歷經丈夫外遇打擊，不久又車禍受傷，一度想不開：「為什麼是我？」她分享自己的心路歷程：「我原來的生活感到非常不快樂，但又害怕面對改變。住院這段時間，讓我得以靜思婚姻留存的意義，在生死劫後反而讓我看開放下。」她說：「這一切都是上天冥冥安排好，如果不是這樣，我一定還繼續跟他們纏鬥。」

就像叔本華說的，當你回顧一生時，它看似規劃好的劇情，但當你身歷其境時，卻是一團亂，只是一個接著一個而來的意外。事後你再回顧它時，卻是完美的。

帶來苦痛之後，也一定會帶來祝福

不妨回想一下，周遭是否有人在經歷某些事件之後，生命似乎產生了重大轉變，一切豁然開朗，全然改觀？

有時生命的根基動搖，我們轉向上帝，這才發現，原來是上帝在搖它。想起這麼一句話：「疾風吹嫩枝，用意不在傷害新幼苗，而是要他們學會把根牢牢地札在土裡。」

年輕時，我常向上天祈求好運和保佑，年過半百再回首，我發現其實自己一直是被祝福的。每件事情的發生都是來幫助我的，每個出現在生命中的人都是在教我某些事情，每一件發生在我身上的事件，都將指向一個更加廣大、完美的計畫，只是我在當時沒能領悟到。

帶來苦痛之後，也一定會帶來祝福，就算是爛人糟事，其中也隱藏對自己有利的一面。不要去糾結：「為什麼會發生在我的身上？」而要問：「這件事是想教會我什麼？」從自己身上去尋找答案。

當我們碰到所有問題的時候，如果都能夠用這樣思考，自己將會快速成長，你會發現每件事情的發生都是有意義的。

眾所周知，一只水桶盛水的多寡，取決於桶壁上最低的那塊木板，因為水總會從最低處流失。人生課題在生活中的體現，也是根據每個人的弱點（短板）。

如果此刻，你覺得受到傷害，那自尊與自愛就是你要面對的功課；

如果此刻，你受人惡意攻訐，那包容與寬恕就是你要面對的功課；

如果此刻，你感到驚恐無助，那沉著與勇氣就是你要面對的功課；

如果此刻，你人生遭逢巨變，那反省與改變就是你要面對的功課。

逃避它只會讓你一直受困、受苦，面對它、克服它才會讓你變得更強大。

PART 4

失意的事，「感恩」就好

抗拒就加劇，接受就平靜
人的不幸，就在於看不見自己幸福
擁有是一種失去，失去是一種獲得
所有壞事都帶著未來的好事
對擁有的一切，心懷感恩

抗拒就加劇，接受就平靜

人生不可能永遠都是一帆風順，也很少以我們希望的方式開展。我們一直努力追求自己想要的東西，卻常常失落。我們希望過得幸福順遂，生活卻總是不盡如人意：主管同事難搞、被孤立排擠、投資慘賠、朋友背叛、愛人變心、健康出問題……。有些事不管我們願意或不願意，都會發生；有些人不管我們喜歡或討厭，都要面對。

如果試圖安排人、事、物，你會感覺任何人都可能攪亂你。如果你把不順心的狀況視為困擾，把不如意的事當作問題，你會開始覺得生命是在和你對立。你的生活將是搏鬥，各種事件接踵而來，令你挫折、煩亂、疲憊，因為你必須控制並對抗一切事物。

接受事實，我們就可以獲得很大的解脫

任何時候只要你受苦，注意一下：你一定是在抗拒什麼。抱怨與不滿，都來自於我們期待事實有所不同，導致思緒糾結不散的時候。

例如，出遊下雨，你卻糾結於「如果天氣放晴」有多好，感嘆抱怨：「可惡！為什麼非得今天下雨？」「到處泥濘，真受不了！」排斥厭惡，只是徒增自虐而已。

你靜靜坐在那裡，從很遠的地方傳來狗吠聲。這狗吠原本無傷大雅，但如果你非常排斥，「這狗為什麼叫個不停？」你心想：「牠的主人為什麼不把牠關起來？」你越抗拒，狗吠聲就越打擾你。

愛人變心，就變心了；親人離去，就離去了；如果你無法接受，會變得

心煩意亂，情緒低沉、愁眉不展、吃不下、睡不下。抗拒事實，只會讓痛苦加劇。

要如何從苦中脫離出來？無法改變的事，就接受吧！

有句禪宗箴言提醒我們：「若你理解，事物只是呈現本來面貌。若你無法理解，事物依然呈現本來面貌。」無論事實是什麼，它就是那個樣子，無論你接不接受它都一樣。

有個朋友在山區買房，那裡交通不便，要買東西就必須開車下山。且冬天非常冷，雨天特別潮溼，衣服不會乾，鳥鳴蛙叫聲更讓人受不了，雖然他不喜歡。但是如果要住下來，就必須接受，否則能怎麼辦呢？

你不需要去安頓它們，你只要安頓自己

在這個世界生活有兩種方式，一種是改善生活，另一種是享受生活。

我們大多數人都在改善生活，「事情這樣不對，那樣不好。」而終其一生我們都企圖改善周遭的人事物。但你能夠改變多少呢？

我們總以為等到問題都解決了，待辦事物都完成了，身旁的那個人改變了，有一天動盪不安都歸於平靜才開始享受生活。但一次又一次，我們發現事情永遠沒完沒了。

這故事我曾一再提到：有個人一心想要在自己的院子裡種出一片漂亮的草皮。但是他發現有好幾株蒲公英在跟它作對，而且蒲公英越長越多，終於佔據院子的一角。

他試了許多方法想把蒲公英從草皮上去除掉，噴農藥、換不同的肥料、把蒲公英一株株連根拔起，最後，他只能求助於園藝店老闆。

「還有別的方法可想嗎？」他問。

「我的建議是，」老闆回答他，「你該學著去欣賞那片蒲公英。」

此時此刻，有「你的問題」，也有「你的人生」，別讓問題的雜草阻礙你的人生。有什麼樣的生命，就活在那樣的生命。有什麼樣的境遇，就活在那樣的境遇。當你不再對抗，心自然會平靜下來。

每當情緒生起時，你可以檢視當下這一刻的感受。當下這一刻，你的內心發生了什麼事？你看到了什麼？你會發現，一方面你看到了正在發生的事，另一方面你抗拒那個正在發生的事，對不對？

想想，既然我們在抗拒的是早已發生的事，抗拒有什麼用？

要回復內心平靜，並不需要改善什麼，而是放鬆、放手，放下那個念頭，讓一切自然發生。

人的不幸，就在於看不見自己幸福

有一隻小魚聽說魚的幸福就在大海，於是牠問老魚：「你知道大海在那裡嗎？」

老魚說：「你所在的地方就是大海，你就在大海啊！」

小魚疑惑：「但，我怎麼都看不到呢？」

魚從未察覺海洋存在，除非牠離開了海洋，魚才會發現原來自己一直都在大海中。

當你鼻塞，你會感覺到，但是當你鼻子通了就忘記鼻子的存在；當鞋子太小，你會感覺到，當鞋子舒適你就會忘了腳的存在；當家裡停水停電，你會覺得真糟，但是當它們一切運作正常，你從不覺得幸福。

你可以感覺你的痛苦，感覺你悲慘，感覺到你的不幸，但是對於身邊的幸福，似乎很少看見，為什麼？因為你已身在其中。這就好比你在房中懸掛一幅畫，每天進出都會看見它，就視若無睹；好比香花聞久了，就聞不出香味。

你沒有失去它，就忘了擁有它的幸福

有一個富翁，非常有錢，凡是能夠買得到的東西都有，然而他卻一點都不覺得自己幸福。怎麼會這樣？他感到很困惑，於是將所有的錢、黃金、珠寶都裝入一個大袋子裡，然後開始去旅行，他決定只要有誰能夠讓他找到幸福，就把這個袋子送給對方。

他找了又找，問了又問，直到一個村子，有個村民告訴他：「你應該去見見這位大師，如果他沒辦法讓你找到幸福，那麼就算你跑到天涯海角，也沒有人能幫你了。」

富人非常激動，他見到了正在靜坐的大師，他說：「我來是為了一個目的：我一生所賺來的錢財都在這個袋子裡，如果你能夠讓我找到幸福，我就把這些都送給你。」大師沉默片刻。

夜已降臨，天色正在變暗。

突然間，他從那個富人的手中抓起袋子就跑，富人一急，又哭又叫地追著他跑。但是他是外地來的，人生地不熟，沒一會兒就把對方追丟了。

富人簡直快瘋掉了，他一邊哭，一邊氣呼呼地說：「天啊！我被騙了，這個人搶走了我一生的心血。」

最後大師跑了回來，將那個袋子放在他的旁邊，然後躲了起來。

不久，那位富人見到失而復得的袋子，立刻把它抱在自己的胸口，直說：「真是太好、太棒了！」

只見大師再度來到他的面前，問他：「先生，你現在覺得如何？覺得幸福嗎？」

「幸福，我覺得自己真是太幸福了！」

大師笑答：「這並不是什麼奇特的方法，而是對於擁有的一切，你早已視為理所當然，其實你現在抱在胸前的不是什麼新的東西，這跟你之前拿著的是同一個袋子，不是嗎？但是因為你沒有失去它，也就忘了擁有它的幸福。」

等到有天失去了，才會發現

你有沒有這樣的經驗？你的孩子走失了，後來又安然無恙的找到；你的公司打算裁員，還好只是虛驚一場；你的家人出了車禍，你急著趕到醫院，還好只是擦傷；你的身上發現腫瘤，經過多項檢查，還好是良性的；於是你心中充滿感恩幸福。

有位朋友在得知罹癌後告訴我，「想到好日子就要結束，心就很沉重。

因為開始要化療，就算醫好，也可能復發，隨時都提心吊膽……，真的好想回到以前。」

隔一陣子再見面時，他有感而發：「手術後，因為身上有傷口，沒有辦法側睡，常感到腰酸背痛睡不好。做化療後，更是變本加厲。因為嚴重暈眩，只要頭稍微移動，就開始天旋地轉，根本無法入眠。從生病後這半年，沒有一天是可以好好的睡一覺。當我有一天，從晚上睡著後，直到第二天早上才醒過來，我就感到真是無比的幸福。從此以後，我每一天都為了可以一覺睡天亮而心懷感恩。」

每天過著平凡無奇的日子，你不覺得自己幸福，等有天失去了，才會發現——這就叫「人在福中不知福」。

俄國文豪杜斯妥也夫斯基説過：「人類的不幸就在於，不知道自己是何等的幸福。」

不染病受苦，不知健康之福；不凍餓飢寒，不知溫飽之福；不意外災變，不知平安之福；不失去所愛，不知感恩珍惜。

下回當你又開始怨東怨西，不妨想想，是否有此可能：你常抱怨的問題可能不是因為有什麼不幸的事，而是因為一切都很好——你欠缺的只是一份感恩的心。

擁有是一種失去，失去是一種獲得

貂鼠的皮毛雪白，這使牠們在雪中獲得掩護，而能逃避獵食牠們的天敵。不幸的是，牠們雪白的皮毛卻被人類覬覦，而將牠們剝來做貂皮大衣。原本有利貂鼠生存的厚重皮毛，竟成為讓牠們喪命的罪魁。

人世間所有的事情都有兩面性，有得必有失。比方，當得到了某種工作，就失去其他工作的機會；得到了晉升，往往工作更忙、應酬更多、責任更重；一旦展露頭角，會招來羨慕與光彩，同時也會伴隨嫉妒與嫌惡，人紅是非多。

相對來說，失去的時候，同時也在得到。比方，失去了玩樂，換來知識的積累；比賽雖沒拿獎，得到了鍛鍊；經歷了失敗，學到了經驗；身處低谷，但也看清了人心；失去了呵護照顧，變得獨立堅強；割捨了感情與關係，也少了羈絆。

人生，一直在失去與得到之間跌宕起伏，得到不一定就是好事，失去也不見得是件壞事，不必患得患失。

一個從來沒有過的東西，就不會失去

人們常會為了失去而悲傷，卻很少想過，若沒有擁有，何來失去？你只能失去你擁有的東西，不是嗎？

你期待某件東西，你得到了很快樂，然而當失去的時候也會感受到等量的痛苦。備受寵愛很幸福，那麼當那人離去，就會很傷心；有人以青春美麗為傲，但年華老去、美貌不再，也將為此所苦；外貌曾帶來極大滿足，之後也將帶來極大失落。

換句話說，擁有越多的人，失去越多，也越痛苦；什麼都沒有的人，也就不會因失去而痛苦。

在一次颱風淹水，有個乞丐父親和兒子看見這樁天災。

「爸爸，很多房子都被水淹了！」

「嗯，不單是房屋，裝潢、衣服、車子都泡湯了。」

「還好，我們沒有房子，也沒有東西，不必為水操心，也不會蒙受損失。」

有位教授曾在一年內遭竊三次，之後他有感而發地說：「我們怕被偷、被搶，直到一些值錢的東西越來越少，我才領悟，家徒四壁已無物可偷，反倒自由自在，無牽無掛。」

失去的東西，本來就不屬於你

活著，就必有所失。不管你擁有什麼，失去是早已注定的，只是時間早晚的問題。沒有一件你喜歡的東西可以永久持有，也沒有一件可以帶走。

音樂家魯賓斯坦曾因為失去所有而萬念俱灰，後來他自殺不成時，忽然反問自己：「為什麼我要結束生命？」本來人出生時就是一無所有，沒有金錢，也沒有朋友，什麼都沒有。而再次失去這些，有什麼好可惜的？

莊子在面對自己兒子死亡時，並沒有任何悲傷，旁人看到了，很好奇的問：「難道你兒子死了，你一點都不悲傷嗎？」

莊子淡淡的說：「他沒出生前，我活得好好的，他在的時候，我還是這樣活。現在他走了，只是又回到沒有他的日子，有什麼好難過的？」

想想，我們來到人世本來就是兩手空空，走的時候也是兩手空空。失去的東西，本來就不屬於你，對嗎？

記得有一個電視綜藝節目，會邀請觀眾玩遊戲。有一次，有位觀眾一路過關，眼看勝利在望，獎金就要拿到手，沒想到一個疏忽，竟失去得獎的機會，現場觀眾都為之扼腕。主持人就問這位觀眾的心情是否難過，他聳聳肩說：

「不會啦！反正我來的時候也是空手來的。」

一個有所領悟的人，應該在擁有的同時，就洞悉了；在得到的同時，也看見了失去的必然。若我們能越早認知，就越能坦然以對，心態就會越平靜。

人生是一個不斷得到和失去的過程，同時也會在失去中獲得。

人生一路走來，會面對各種各樣的失去：舉凡失戀、失業、失婚、失去心愛物品，失去至親等等。

面對失去，除了憤怒、失落和哀傷，更重要的是，在失去中體驗，在失去中放下，在失去中學會珍惜，在失去中重燃希望，在失去中找回自己。

失去，不是一件壞事。如果你怨嘆失去，就只有失去；如果你在失去中尋找新的獲得，就必有所獲。

所有壞事都帶著未來的好事

好與壞的定義都是我們從小到大學習來的。比如升官是好事，失業是壞事；發財是好事，破財是壞事；健康是好事，生病是壞事；事情順利是好事，事與願違是壞事。因此，每個人都趨吉避凶，喜歡好事，而排斥壞事。

但壞是真的不好嗎？分手不好嗎？考試落榜不好嗎？遭解雇是壞事嗎？生病是壞事嗎？不被關愛是壞事嗎？拉長遠一點來看，才會知道。

有隻驢子看到主人精心照料馬，並給他豐富的飼料，想到自己連糠麩都不夠吃，還要做十分繁重的工作，便悲傷地對馬說：「你真好命！」當戰事爆發時，全副武裝的戰士騎著馬，奔馳於戰場，衝鋒陷陣。馬不幸受傷倒下，驢子見到後，不再覺得馬比自己好命，反而覺得馬真可憐。

老子在《道德經》說道：「福兮禍所伏，禍兮福所倚。」禍與福兩者是互相依存，可以互相轉化。比方，在公司被老闆提拔是件好事，卻招致同事的妒忌是壞事。比如向銀行借錢被婉拒是壞事，卻免於一場錯誤的投資是好事。往往福因禍而生，而禍中也潛伏有福。

如果我們當時便能清楚狀況，反而會慶幸自己的好運

英國首相邱吉爾的一本傳記《我的前半生》，其中有這麼一段自述：

「二十一歲時，我隨軍赴印度，沒想到竟因此使我右肩脫臼，也影響了我的一生。從此我再也無法像過去一樣玩賽馬、玩網球，行動也受到限制而不自由。更嚴重的是，其後我每次以臂當枕、取書、上下樓梯不慎跌倒，或是游泳時，我的右手都會突然脫臼。

這可說是大不幸，不過若將眼光放遠些，未嘗非福。後來我在奧姆德曼打仗，因礙於脫臼，不能使用軍刀，而改用毛瑟槍，結果保住了我的生命。」

邱吉爾還有另一段境遇是發生在世界大戰期間：

有一次，他從英國到法國實地觀察戰況，結果在前線一處戰壕中接獲一封信，是位擔任將軍的老友要求見。於是他邱吉爾走了三英里路，到信中指定的路口等來接他的車子，可是他等了近一個小時仍不見車影。

眼看又要下雨，邱吉爾只好在黑暗中徒步走回戰壕。他邊走邊罵那位粗心的將軍，心裡真是越想越氣。但當他回到戰壕時，咒罵突然停住，原來的戰壕消失了，就在他離開的五分鐘之後，一顆炸彈落下來摧毀了戰壕，戍守的士兵也都被炸死。

邱吉爾後來在文章中寫道：「突然間，我對那位將軍的怒火完全熄滅，所有的牢騷也在瞬間化為烏有。」

大多數的人總是咒罵厄運，如果我們當時便能清楚狀況，反而會慶幸自己的好運。

發生幾件禍事，接下來必有「後福」

「所有壞事都帶著未來的好事」，不管發生什麼事，在裡面尋找禮物。

生物學家亞歷山大．弗萊明，當年若不是失誤讓黴菌孢子掉進培養皿，怎會發現盤尼西林？暢銷作家J．K．羅琳，當初要是沒有失去工作，哪還有空去寫《哈利波特》？商業之神賈伯斯當時若沒有被趕出蘋果公司，就不會收購皮克斯動畫公司，就沒有後來的逆襲之路……。如同那一句老話：「上天給你關上了一扇門，總會給你打開一扇窗。」

醫院人事調動，那時有個朋友即將被降調，我走進他的辦公室，說：「很遺憾你遇到這樣的事，也許有一天你回想，會發現這樣對你最好。」

他笑了，「我是不知道未來如何，但我會把它變成一個好故事的開端。」

他的樂觀令我印象深刻。

人生的走向很大一部分取決於我們對人生的態度。當我們接受「壞」的時候，也就開始轉「好」。不要給人生設限，別被計畫綁死，當天不從人願，也許是最好安排。錯過的煙火，其實是躲過了一劫；開始看來最難以接受的狀況，到頭來可能對你最有益。發生倒霉的禍事，安知接下來不會有「後福」？

《哈姆雷特》有句名言：「世界上的事情沒有好壞之分，端看個人想法。」

世界上，沒有真正的好或壞，只是每個人不同觀點的詮釋罷了。我們決定怎麼看待它，決定接下來的命運。

看好的人，處處都是生機；看壞的人，處處都是困境。相信自己過不好，才會真的過不好；相信最終都是好事，就往好的方向發展。

「臣服」就是事情變好的轉折點。敞開心胸接納新的可能，事情會在最好的時候，以最好的方式來到。

對擁有的一切，心懷感恩

哲學家叔本華說：「我們很少想我們已有什麼，但永遠在想我們缺乏什麼。」

這話講得真切。我們大部份的問題都是來自於，沒有以感恩的心來面對自己所擁有一切。因此，不滿遍布於生活各處：埋怨自己不夠聰明、不夠漂亮、不夠苗條、不夠富有；嫌菜色不好、冷氣不冷、怪父母管太多、孩子成績差；即使塞個車，找不到車位，都可以火冒三丈。

喜劇作家裴瑞特說過一個故事。

他的一位好萊塢作家朋友，曾寫過一些劇本，但都不是非常搶手。直到有一天，他因為某部賣座的電影而成為炙手可熱的大製片人。有天他到片場上班，發現停車位被人占走，當時還有二十幾個停車位是空的，可是他偏要停在他專屬的停車位上。

一開始這位朋友很火大，接著他突然若有所悟，然後對自己說：「我突然想到，三個月前我連車子還沒有呢！」

簡言之，我們對自己所擁有的一切，缺乏一份感恩。

我們應該慶幸擁有這些問題才對

當你抱怨問題，就表示你擁有些什麼，不是嗎？比方，若沒有車子，就不會有「停車問題」；沒有孩子，就不會有「親子問題」；沒有工作，就不會有「職場問題」；沒有房子，就不會有「房子問題」……。仔細思考，我們應該慶幸擁有這些問題才對。

常有人問：「我擁有的不都是自己辛苦賺取的嗎？所有成果也是靠自己用汗水換來的，感恩？要向誰感恩？」

誠然，我們所擁有的一切是靠自己得來，但是，你有沒有想過，為什麼自己能擁有，有人卻沒有？為什麼別人也努力奮鬥卻沒有好成果？難道不該感恩嗎？

很多人怨工作薪水不成正比，卻很少想過，若不是這樣，別人早就取而代之；有人嘆年老體衰，皮膚斑紋，卻沒想過，有些人沒機會活這麼久去經歷這些。有人怨責任多、負擔重，卻沒想過，若沒人需要你，是否表示自己失去存在的價值和意義？

有位婦人，她覺得整個家都是她在付出，所以對丈夫、兒子的作為總是不滿，經常抱怨東抱怨西，終於有一天，她的丈夫走了，兒子也離開她到異鄉討生活，最後因病客死異鄉，連死前最後一面也沒見到。婦人很傷心，在經過這些事之後才明白，以前的苦和現在比起來，根本不算是苦。

不要老是抱怨，抱怨不單助長你的負面情緒，並且對自己所擁有的視而不見。感恩才懂得珍惜，珍惜才知把握自己擁有的。

當你感恩時，就會看自己所擁有的

「半杯水」的理論大家應該都聽過。在眼前擺著半杯水，悲觀的人說僅剩下半杯水，樂觀的人則認為還有半杯水。感恩，就是提醒我們看到有水的那一半。

這故事許多人應該也聽過：有一個老太太，她有兩個兒子，一個賣扇，一個賣傘。雨天的時候，她擔心賣扇的兒子生意不好；晴天的時候，她又擔心賣傘的兒子生意不好。於是她整天悶悶不樂。

後來老太太學會感恩，情況就截然不同了。下雨時，她感謝老天爺，讓大兒子雨傘生意興隆，天晴時則感謝上天，讓二兒子可多賣扇。從此過得開開心心。

對一切心存感恩，你會覺察自己擁有的，而非欠缺的；你會專注在那些美好，而非厭惡的事，抱怨就會消失。

有位學生到療養院當志工後有感而發：「看到那療養院中，很多是重度腦性麻痺、植物人，一輩子只能躺在從病床上度過。他們不能說話、不能移動身體，就連吃飯也只能靠鼻胃管灌入流質的食物。當下，我真的覺得自己人生沒什麼好抱怨，也沒有資格抱怨。」

當我們心裡這麼想：「上天賜予我的已經夠多。」我們覺得擁有的一切，都是天賜的禮物，就會有富足感。當我們心存感恩：「我很滿足於現在的生活，我覺得自己很幸福。」內心會有一股滿足和喜悅感，將使你生命中每一刻都領受到幸福，這就是感恩的力量。

我們常說要正面思考，其實不難。只要學會感恩，你的思考和情緒就不可能是負面的。如同豔陽高照不可能同時烏雲密布；望向枝頭上的花朵，就不可能抱怨地上的泥濘。

你可以多去發掘，每天晚上就寢前，寫下當天讓你值得感恩的三件事，如果持之以恆，你會發現越多值得感恩的事。

PART 5

生氣的事，「理解」就好

你看不慣的別人，是你不喜歡的自己
在受傷與憤怒之下，隱藏著一件事
擺脫易怒：以「負責」取代「責怪」
事件不會讓人發火，是想法讓人發火
人際的衝突，常是觀念的衝突
每個人都在打一場生命的硬仗

你看不慣的別人，是你不喜歡的自己

有個學生問我：生活中常遇到不喜歡、看不慣的人和事怎麼辦？我問她看不慣什麼事情。她說：比如她覺得同學很愛現；有些同學愛計較、喜歡占小便宜；她還覺得自己的老師不公平，對成績好的同學偏心……。

生活中，總會有我們不喜歡的人出現。可是，為什麼對於某些人特別反感？有沒有想過自己為什麼偏偏看不慣這類的人？

像我非常討厭說謊的人，一旦知道有人在胡說八道，就會莫名發火。我開始反思為什麼自己會對說謊如此憤怒，想起小時候因為說謊，而被老師狠狠訓斥了一番，回到家又被父母責罰。

再如，因為個性好強，喜歡爭贏，被班上同學排擠。自此之後，我就變得非常低調、不喜歡展現自己。長大後，每當看見勇於表現的人時，會十分羨慕，但也很訝異自己竟然會不自覺地排斥。

我們看不慣的他人，本質是不能接納自己身上有某些特質，我們把不被接納的特質，轉移到別人身上。這在心理學上，稱為投射。

我們討厭一個人，是不希望自己成為這樣的人，因為這些特質曾給我們帶來過傷害和痛苦，內心才會如此排斥、厭惡。

別人會激怒你，是因為自己也有一樣的毛病

「投射效應」，就如同投影儀一樣。比如單純善良的人，以為別人也單純善良；心中充滿愛，也會覺得生活中的人有愛；一個愛說謊的人，會懷疑別人也在說謊；常常算計別人的人，會覺得別人都心懷不軌。用蘇東坡和佛

印和尚的故事說明，就是「心中有佛看到佛」、「心中有狗屎看到狗屎」。

還有一種現象，在生活中也常遇到，就是我們總是會討厭某一類人，其實是這類人身上和自己身上有某種相似的特質。

最近有人告訴我說：「自己越來越討厭自己的閨蜜，為了一些生活小事還吵了一架。」在詳談之後發現她和閨蜜都太要求完美，這就難怪，許多完美的人其實很不喜歡自己，因為要求自己太嚴苛，轉而投射不喜歡身邊的人。

受不了別人，是因為受不了自己。想起以前有兩個學生先後報名參加國標舞社，又都學拉丁舞。一段時間後，甲同學抱怨乙同學很愛現，好像自己最厲害似的；乙同學也不滿甲同學，每每都在練習和表演中好勝爭贏、出風頭，心中不悅的她索性退社。

我們討厭愛現的人，因為自己也很想表現；討厭愛出風頭的人，因為那人搶走了風采；厭惡某人愛計較，其實自己也在計較。原來，我們看不慣別人的背後，是看不慣自己。別人身上的負面特質會激怒你，往往是因為自己也有一樣的毛病。

當你討厭一個人時，恰恰是認識自己的一次機會

如何辨識自我投射？有一個簡單的方法，就是找出他人身上令我們厭惡的特質，以及那些我們批評最厲害的人。

回想一下，是不是當我們跟某些人越親密，就越容易產生厭惡？總有一些看不順眼，或受不了的地方？在譴責他人時，我們從來不會想到，我們在說的是自己。認知這個事實非常重要，我們就能從對別人的投射和論斷中解脫出來。

有一個童話故事這麼說：「有一隻流浪狗，無意間闖進一間四壁都鑲著玻璃鏡的屋子。突然間，牠看到很多的狗同時出現，大吃一驚。這隻狗於是

開始齜牙裂嘴，發出陣陣低沈的吼聲。而鏡子裡所有的狗看起來也都非常生氣，每隻狗的臉上也出現怒吼的面孔。這隻狗一看，簡直嚇壞了，不知所措，開始繞著屋子跑起來，一直跑到體力透支，倒地死亡。」

生活中的每個人都是我們的一面鏡子，如果你覺得到處充斥著不喜歡，看不慣的人和事，那並不是真的，而是自己內心的投射。我們要處理的不是那個令我們討厭的人，而是透過別人看到真實的自己。

心理學家榮格說：「每件別人惹惱我們的事，都能引導我們了解自己。」

每次當你討厭一個人時，恰恰是認識自己的一次機會。不要急於批判對方，先內省一下，這個情緒是怎麼引發的？

這個人使我想起自己哪些討厭的地方？

會不會是我將對過去某個人的厭惡移轉到對方身上？

又或是我將對自己的不滿意部分投射到了對方的身上？

如果我們的心胸敞開，把每一次生氣都當作指引，每一個審視都能有所啟發。

在受傷與憤怒之下，隱藏著一件事

有位老師正在黑板上寫字，突然聽到學生在笑：「你們是不是在笑我？」學生一本正經的回答：「不，不是！」老師冷冷地說：「哼！這裡除了我之外，還有誰可笑呢？」

生活中，我們常常為這樣的事而困擾：好比你說了一句無心的話，可是出乎意料，對方不悅地回了你一句：「你幹嘛針對我？」原來他誤解了你的話。「我哪有針對你？」你安慰也不是、道歉解釋也沒用。

再比如你想表達A意思，對方卻理解為B意思。比如你說：「你今天穿得很漂亮耶，打扮很特別。」聽的人卻以為你是故意讚美，其實是諷刺或是瞧不起。「什麼意思？你是在誇我還是取笑我啊？」

「說著無心，聽者有意」，為什麼別人並沒有那個意思，卻被強行曲解？人都習慣「以己度人」，內心敏感多疑的人，不經意的一句話，聽在他耳裡，都可能被認為是沖著他而來，甚至別人一個動作、一個表情，都會被他當成是別有用心，即使是與自己無關的人與事，也喜歡去做對自己不利的猜想。

覺得自己不行，越覺得其他人瞧不起自己

我曾讀到一個例子，有位太太如此訴苦：「我們家先生一天到晚生氣，常常一不小心就踩到他的地雷、而且每次他發火，就會不斷碎碎念，快被逼瘋了！」

這太太其實只是單純說一些事，例如：「這張桌子已經有點損壞了耶！」

又或者是「今天早上車子的引擎有點發不動了」，諸如此類的生活實際情況，可是，當丈夫的卻把這些話，解讀成老婆對他工作能力或薪資收入的不滿。

其實，先生從太太身上看到的是「他對自己本身的不滿」。

這樣的例子很不幸地，經常會有許多不同的版本一再重演。在受傷與憤怒之下，隱藏著一件事：自尊與自我價值低落。

我們身邊那些易怒、對什麼都不滿的人，內心其實是脆弱的、恐懼的、怕受傷的，所以先聲奪人。看起來是在對別人生氣，其實是在氣自己。

自卑，覺得自己不行的時候，越覺得其他人瞧不起自己。那麼任何無足輕重的小事都可能傷到自尊，變成玻璃心。

例如，你跟擦身而過的人打招呼，對方沒有回應，就覺得對方在擺架子；聽到有人在背後竊竊私語，就認為是在議論、嘲笑自己；你打電話約吃飯被拒絕，沒邀請你參加聚會，就認為自己不受到重視；被老闆批評了一句，覺得天都要塌了，是不是自己能力真差，老闆討厭我？

假如我們自我價值屹立不搖，對以上的事件都會一笑置之。相反，當自尊水平很低，一旦價值被否定，不受重視，我們就會變得敏感而反應過度，遷怒到別人身上。

別人撒鹽傷不了你，除非你身上有潰爛之處

「那人傷害我」與「我覺得受傷」，這兩句話是不同。前者是明確指出對方是「加害者」，自己是「被害者」；後者則是對方可能有，也可能沒有傷害自己的意思。

例如，你今天工作不順心，也許是報告被老闆退回重做，讓你十分受挫。回到家時你又餓又累，問老婆晚餐吃什麼，但她和朋友傳簡訊而沒有立即回覆你。這時你火大了，吼著要她多尊重一點。平常一進家門時並不會生氣，

於是你問自己：「為什麼那麼生氣？」原來是你工作上的問題，讓你感到失望又挫折，這才是生氣的真正原因。

人不是不能發脾氣，而是要了解自己到底在氣什麼？情緒本身不是問題。如果情緒出了問題，有問題的不是情緒，情緒是幫我們指出內在的問題。

當自尊低落時，請提醒自己：別人無心的言行，就是因為對方覺得這根本沒什麼大不了，不要把它重重放在心上。

同樣，當有人被無心的話刺痛時，要了解那人內心帶著傷。就像一隻受傷的動物會攻擊人，牠們不是故意傷人，而是怕再次受傷害。理解之後，譴責便消失，諒解就容易多了。

我們的敵意程度如何，決定於我們當時的自卑程度。留意一下，當你有一番成就時，是否變得大而化之；而當挫折失敗時，又變得多麼容易惱怒。

不管什麼時候，如果有人對你表示表現敵意，就想一想：是什麼人或什麼事煩擾了他。不論那份惱怒有多麼強烈，也不論那個人看來多麼可憎，了解敵意的緣由之後，我們就能比較釋懷，也可避免把別人的問題攬到自己身上。

擺脫易怒：以「負責」取代「責怪」

想像早上你和朋友見面，約了下午在咖啡館見。時間到了，只有你一個人。你查看手機，但是沒有簡訊、留言，電話也沒接。到底怎麼回事？你本能反應：朋友出事？朋友遲到了？或朋友忘記了？

你或許會開始懷疑，被放鴿子了。現在你開始覺得生氣。就算最後朋友出現了，也有合理的解釋，但你還是鬱悶難解。如果當下有人問：「是誰讓你這麼不開心？」

「是他讓我不開心。」大多數的人會這麼說，因為你的情緒，的確是對方引發的。「是他把我惹火」、「他讓我很不爽」、「他讓我又急又氣」、「他讓我感覺焦慮」、「他讓我傷心難過」，這些話語，是不是覺得挺熟悉呢？

雖然以上情境各不相同，但有一個共通處，就是說這些話的人都自認為是「受害者」，所以做出了這樣反應，是對方應該要負責。然而當你一直怪罪別人說的話或做的事激怒你，讓你失控、受挫或焦慮、鬱悶，你就是把自己的力量交出去。

怪罪別人，就不會檢討自身

承認你在情緒上有自由和責任，這是成功控制情緒的第一步，也是重要的一步。

負面情緒的關鍵是責怪。當我們把錯怪在別人頭上，希望他們受罰、希望他們受苦、希望他們付出代價，我們就會一直停留在負面的情緒裡。

一個怪罪別人的人，就不會檢討自身。因為問題不是出在自己身上，而是出在別人身上，所以需要改變的是別人，當一個人有這樣的想法，事情就會變得越來越糟。

最有效的解方，就是以負責任的態度取代責怪。

如果你約會遲到了，想想自己是否該早點出門，而不是怪公車不準時或路上塞車？

如果有人批評讓你惱火，不是怪那人批評了什麼，想想自己的言行是否如他所說？

如果某人讓你很焦慮，想想你和對方交往的時候，是否都會想一些讓自己焦慮的事？

如果事情進展不順利，想想你按照指示去做了嗎？有沒有充分準備？有什麼需要改善？

如果結束一段關係，不是怨恨對方、責怪對方，而是想想自己在這段關係中哪裡做錯了，該為哪些事負責？

為自己情緒負責，就不會再怪罪別人

拿出一張紙，中間畫一道線，在左邊列出使你不愉快的人或事情，並以數字依序排列。

在右邊是預備給你寫字用的，開頭都是「我應為此負責，因為……」以下的由你去填寫。每一項都請坦白真誠，並說明為什麼你該負責。

這簡單的策略，非常有力量。因為你只要為自己情緒負責任，就不會再怪罪別人。當我們停止責怪他人時，憤怒和其他負面情緒就會消失。

許多人可能會問：「明明激怒我的是他，受害的是我，為何我要負責？」「如果是別人的錯，難道我不能夠生氣嗎？」

你可以生氣，但不等於要對人口出惡言。你可以有自己的情緒，但不代表要讓情緒牽著鼻子走。記住，就算別人有錯，對方傷害到你，但你的言行反應，也是自己的責任。為什麼？因為你的情緒只有自己能控制。

同樣的，別人有什麼樣的情緒，是他的自由。他憤怒、失望、傷心、難過，或是緊抓怨恨、痛苦不放，也是他自己的事。因為你無法控制別人的想法，對吧！

你要為自己的言行負責，但無需為別人的情緒負責。

從現在開始，避免使用不負責的情緒語言，如：「你讓我很生氣」、「你讓我很不高興」、「你讓我很焦躁」、「你讓我很難過」。相反地，使用負責任的句子：「我激怒了自己」、「我讓自己不快樂」、「我惹惱了自己」、「我讓自己陷入焦慮」。你的情緒是自己的選擇，要讓負面或正面的出現，全在你一念之間。

事件不會讓人發火，是想法讓人發火

你生氣的時候想到的是什麼？

當別人對我們漠不關心，惡言相向，把我們數落一番，有情緒反應是很自然的事。但為什麼會情緒失控？你注意過情緒是怎麼被觸動嗎？為什麼越「想」越氣？

例如，你走進辦公室的時候，跟同事打招呼，他沒有任何反應。你心想：「他可能在想事情，沒注意到」，事情就過了。而如果你想的是：「那傢伙，真是無禮」，情緒就會升起；如果你的解讀為：「他不喜歡我！」「他瞧不起我！」就會越「想」越氣。

通常，我們總以為情緒是別人的言行所引發。錯了，其實我們的反應全視自己詮釋而定。

人們經常把想法誤認為事實。當發生了一件事，我們就開始揣度、評論，陷入「情緒化思考」，接著發火，氣急敗壞，可笑的是，這些情境全是自己「想出來」的。

換言之，「情緒化」，並非情緒的問題，而是思考的問題。

改變想法，就能轉換情緒

這故事許多人應該聽過：

有一個人，在某個下雨天搭乘公車，乘客擠得像沙丁魚一般。在不耐中，他突然覺得某個人的雨傘尖碰到了他的腳踝。他本想轉頭對那不知輕重的人還以顏色。但車裡實在太擠了，他根本無法轉身。當車子搖幌時，那雨傘尖就刺得更重，他心中的怒火逐漸升高，心想等一下非好好訓斥對方一陣不可。

好不容易到了一個大站，下去了一些乘客，他終於有了迴轉的餘地，憤怒地以皮鞋頂開那刺人的雨傘尖，然後轉身以最嚴厲的表情怒視那個「不長眼」的乘客。

結果他發現對方竟是一個盲人，刺到他腳踝的並非他想像的雨傘尖，而是她的拐杖！

他心中原本難以扼抑的一股怒火突然消失無蹤，而腳踝似乎也不再那麼疼痛。

為什麼突然轉變呢？沒錯，是想法變了。

表面看來，這個人的憤怒是起因於刺痛他腳踝的「那個人」，但其實是來自「那個人真魯莽又無禮」的想法。

我們難控制情緒，但可以控制情緒的源頭

釐清與覺察何者為「事實」，何者為「想法」非常重要。例如，有個人在笑，「他在笑」是「事實」；但是「他對我有好感」，或者「他在嘲笑我」，則是想法。以下列舉幾個例子：

「男友忘了我的生日（事實），他不愛我（想法）。」

「孩子愛玩電動（事實），他不上進（想法）。」

「老公不做家事（事實），他不負責任（想法）。」

「愛人離開我（事實），我不值得愛（想法）。」

我們難控制情緒，但可以控制情緒的源頭——自己的想法。

記得有一次，我和幾對夫妻去拜訪一位朋友，幾個小孩子想玩撲克牌。他的媽媽問他：「為什麼要玩撲克牌？」小男孩興致勃勃的回答：「因為我

們想賭東西。」我發現這個母親的臉馬上沉了下來，因為她認為賭博對孩子來說是不好的。然後，在過了一會之後，她心情突然轉一百八十度，她充滿笑容：「這主意不錯！這樣你們就可以練習數學。」

試著改變想法，比方當朋友對你發怒時，把它當作一種信任，因為對方覺得你很親近，可以傾吐心聲；把主管額外交付工作，看作是對方很看重你、信任你。感覺是不是全然不同？

當你毫無知覺地接受那些沒經過驗證的想法，就會生起各種情緒性反應。

透過質疑「這是真的嗎？」的練習，創造讓你來檢視這些念頭真實性的契機。例如：

他真是虛偽，他只為自己想，他都不關心我……。「這是真的嗎？」

他是故意的，他是衝著我來，他想讓我難堪……。「這是真的嗎？」

只要能看清你的想法並不等於事實——不論火燒得多旺，若是不再添加燃料，火自然就會慢慢熄滅。

人際的衝突，常是觀念的衝突

有些事或許A會生氣，但B卻不會；有時A沒問題，B卻火冒三丈。因為每個人心中各自有自己的價值觀念。

舉例來說，如果你有一種觀念：東西要物歸原位。那麼當家人沒把用過的東西擺回原位，你就會生氣，對吧？

假設有一個媽媽認為：浴室必須保持乾淨。因為這個觀念，她就想出各種方法來清潔浴室。如果家人沒把要換洗的衣物放好，毛巾沒有擰乾掛好，牙膏滴到洗臉盆外，媽媽就會發火。

通常愛乾淨的人會氣髒亂的，積極的會氣懶散的，負責的會氣不責任的，有原則的會氣沒原則的。我們氣的不是那個人，而是那人違反了我們的觀念。

讓我們仔細觀察多年來建立的觀念。事情該怎麼做，話該怎麼說，東西該怎麼擺放，還有伴侶應該如何、媳婦應該如何、小孩應該如何、朋友應該如何……。經常生氣的是誰？就是自己。

當然，有原則和觀念並沒有不對，但必須了解，那是你的原則，別人不必然要遵守。你的觀點，別人沒有義務奉行，不必搞得「非如此不可」。

人們發生口角，其實是觀念在角力

我曾在課堂上，要求學生在紙上寫出幾句，他們認為「事情應該怎樣」，然後，我請他們陸續起來把自己寫下的句子唸出來。當他們讀出「事情應該怎樣」時，我會立刻問：

「為什麼你覺得應該這樣？」

「當別人沒做到時，你的反應如何呢？」

絕大多數人都是失望與挫折難過，甚至義憤填膺，指責對方。

「問題是這些規則是誰定的？合理嗎？別人必須照做嗎？」我要他們反問自己。

我們很多想法之所以會變成觀念，都是因為長久以來都是這麼認為，因此就從來不會去質疑它。

有位學生跟男友爭吵，她說：「如果你真的愛我，就應該討我歡心，對我噓寒問暖，週末陪我。男朋友不就應該這樣嗎？」

「是誰說男友『應該這樣』？」這就是被自己的觀念所捆綁。

人際的衝突，常是觀念的衝突。人們發生口角，其實是雙方觀念在角力。一方認為事情「應該這樣」，另一方認為「應該那樣」，互不讓步，衝突就是這麼引爆的。

別把自己的觀念強加於人

南傳佛教大師阿姜查的肺腑之言：「你們對於事情應該如何，何謂善惡、對錯，總有許多看法與意見。你們執著於自己的觀點，並為此深受痛苦。但它們不過是觀點罷了。」

以前，有個同事很懶散，開會遲到早退，做事拖拖拉拉，有些計畫明明期限快到了還一副逍遙。真是看不慣！漸漸地，我對他變得沒什麼耐心，說話也不客氣。

有一天，當我的火氣再度生起時，突然間一個念頭閃過：「這個辦公室有數十個人，卻只有我在為他的表現惱怒。事實上，大部分的人根本不知道有這回事，即使知道的人也不像我那麼在意。為什麼我會如此介意呢？」

有時候別人的不對，只是和我們的觀念不同，處不來只是做事方法不一樣，並沒有誰對誰錯。我們很難認同某些人，那很正常，沒有人說你必須去喜歡遇到的每一個人。

當知，你看不慣的人或許也看不慣你。你最受不了別人的地方，很可能也是別人最受不了你的地方。別把自己的觀念強加於人。

如果你有一種觀念認為事情「應該如何」的想法，這個「應該」就是干涉。你會干涉別人應該做這個、做那個，只因為你認為那是「應該」的。但事實上那只是你的觀念。

你的觀點，也許適合你的，但對別人未必適用。你的想法，不能代表他人的想法，只有相互的尊重與理解，才能真正做到和平的相處，強加於人只能適得其反。沒理由別人都要聽你的，對嗎？

每個人都在打一場生命的硬仗

不久前，和兒子一起去購物，碰到了一個態度惡劣的店員，臉色難看，問問題愛理不理，口氣也很差。兒子見我默不作聲，覺得不解：「遇到這樣的店員，難道你不生氣嗎？」

「還好，我反而覺得那個店員挺可憐。」

「可憐？為什麼可憐？」

「她用這樣的態度工作，不難想像她一定很討厭這份工作，做得很不開心，卻還要每天做，難道不可憐嗎？」

有人扛著一袋垃圾，沿路都散發垃圾味。別人的言行並非針對你，他可能對所有人都是這副德性。這點首先必須了解。

每一個人背後，都有不為人知的苦，有很多的無奈，以及生活的難處。也許這個人受到惡劣待遇，也許家逢變故，也許正經歷著波折和磨難而不知所措，我們並不知曉。不要把對方看成「可惡的人」，而是看成「可憐的人」。這樣一來，包容與諒解便容易多了。

如果我們了解彼此，就會善待彼此

當我們因諸事不順變得煩躁易怒，我們了解自己的情緒是何而起；然而別人並不知道，就很難「感同身受」：「幹嘛擺臭臉、口氣差？」、「一點小事，何必發那麼大的火？」嘗試理解別人惡劣行為背後的原因。

以前有個鄰居常擺一張臭臉，有時還會對人口出惡言，附近的人對她都避之唯恐不及。想當然，我也不喜歡她。一天夜裡，我聽到樓下救護車的聲音，便從窗戶往外看，看見救護人員將她抬上救護車，然後燈一閃一閃地開往醫院。那一天，我才知道她有嚴重自體免疫疾病，已侵犯心臟，關節變形，急性發作時，疼痛爬滿身。頓時，我對她的感覺立刻改觀。

不要把重心放在所見為何上，而要思索為何有所見。想像一下，如果你走進一家高級餐廳，卻發現這家餐廳的服務奇差。不但上菜太慢，女侍粗心大意，一不小心還把你的茶水打翻。這時你會怎麼樣？你會覺得不高興，甚至抱怨一番，對嗎？

好，現在，讓我們把劇情稍微調整一下。這次當你坐定後，有人先告訴你：「這位女侍的丈夫剛過世不久，家裡還留下三個小孩要靠她扶養。」當你了解之後，你還會像先前那樣不高興嗎？

如果我們了解彼此，就會善待彼此。

不要收別人的垃圾，別往別人身上倒垃圾

想起一篇「垃圾車定律」的文章，很發人深省：

有個乘客搭上一輛計程車，打算到機場。正當他們開上正確的車道時，突然一輛轎車從停車格開出，兩輛車差點就撞上。那輛轎車的駕駛兇狠地甩頭，並且朝著計程車破口大罵。

計程車司機並沒有動怒，反而微笑朝他揮揮手。這乘客覺得不解：「你剛才為什麼那麼做？那傢伙差點毀了你的車，還可能害我們受傷送醫院！」

計程車司機解釋說：「其實，許多人就像垃圾車。他們到處跑來跑去，身體充滿了垃圾、充滿了沮喪、充滿了憤怒和失望。

隨著垃圾堆積，他們終需找個地方傾倒；有時候，我們剛好碰上了，垃圾就往我們身上丟，所以不要介意，只要微笑、揮揮手，祝福他們，然後繼續走我們自己的路就行；千萬別將他們的垃圾擴散給同事、家人或其他路人。」

最重要的兩點：一，讓身旁的垃圾車開走（不要收別人的垃圾）；二，避免成為別人的垃圾車（別往別人身上倒垃圾）。

柏拉圖提醒世人：「要心存善念，因為你所遇到的每一個人，都在打一場生命的硬仗。」請善待每個遇見的人，仁慈看待那些我們覺得難以相處的人，因為他們都在與生活做艱苦奮鬥。切記！

「此人是否遭遇什麼難處？」如果有人對你態度惡劣，表現粗魯時，想一想：「我如何更仁慈一點？」

當你對人友善時，是否感覺到心平氣和，輕鬆愉悅？當你對人惡言相向，憤憤不平時，感覺又如何？是不是怒火中燒，義憤填膺？

對人仁慈其實是善待自己。

PART 6

感情的事，「放下」就好

放下期待，就是善待彼此
放下控制，安全感是要自己給
連想改變別人的念頭都不要有
人是會變的，感情不忘初心
如何放下一段感情？

放下期待，就是善待彼此

對關係親密的人抱有期待是人之常情，也最容易讓感情消磨耗盡。

我們從相愛的開始就添加了好多的期望在對方身上。例如，期待對方忠實、體貼、浪漫，會賺錢，期待對方把我們放在首位、期待對方和我們有同樣的偏好，甚至期望不用我們開口，就能知道我們在想什麼，了解我們所有的需要，會為我們而努力改變……。滿心期待，往往換來滿腔不滿。

有人這麼形容：把期待放在別人身上，就像是你在海中航行，不自己划槳，卻希望海洋帶你到你想去的地方一樣。可能嗎？

我們感到失望，不是對方多糟糕，就只是不合期望。期待落空，就會生怨氣。我們以為愛錯人，其實我們愛的並不是那個人，而是期待的人。最愛的人總是傷害我們最深，其實傷害我們最深的是自己的期待。

失望，只是沒符合你的期待

有位讀者說，她和男朋友總是因為相同的問題吵架，每一次吵架到最後，男友都說會改。可是後來還是老樣子，為此又吵了起來，她感到心灰意冷。她實在受不了一次次的期望，之後一次又一次幻想破滅。

每當挫折和失落時，問問自己：「這個痛苦是怎麼來的？是不是因為我的期待？這些期待合理嗎？」對人不滿，怨懟時，靜下來想想：「是不是我預期對方應該做什麼、應該怎麼對我？」我們越能覺察自己的期待，就越能看到問題的所在。

這世上沒有一個人是設計好來符合你的需求，也沒有一個人能完全滿足你的期待。現在問題在於你，是否接受那樣的他，或者保留你的愛直到對方變成你想要的樣子？

「因為愛他，才會希望他變得更好，難道有錯嗎？」一直以來人們就是這樣弄錯的，他們以為改變對方是因為愛，這真是很大的誤解。如果有人一直想改變你，你會覺得「被愛」嗎？

愛少一點，感情反而更好

有個女人婚姻出了問題前去請求智者開示，她抱怨丈夫的種種，言語中透露著諸多的無奈，智者坐在那兒聽她說完。

最後智者說：「如果你能夠成為一個比較好的妻子，你婚姻的問題馬上就會改善。」

「那，我要怎麼做呢？」

「不要再努力要他成為一個比較好的丈夫。」

「愛」，字拆開來是「心」、「受」，簡單說，就是要「用心接受」。你注意過那些婚姻美滿幸福的人嗎？他們的伴侶並非完美無缺，他們之所以相處自在融洽，是因為他們願意接受伴侶的不完美。

「愛少一點，感情反而更好。」你沒聽錯，期待，是我們加在別人身上的；失望，是我們帶給自己的。放下期待，從那一刻起，問題就會改善。

放下期待，就是善待彼此。

一段感情始於期望，也可能終於期望。

我們最初的愛是單純的，顯示出來的就是單純的快樂；然後，我們有了期待，顯示出來的就是期待；當期待落空，我們挫折、失望，顯示出來的就是不滿、憤怒、怨恨、沮喪……。這表示我們的愛並不是愛，而是期待。

放下期望，心就會平靜下來，你將發現，原來自己就是期望下最大的受害者。

放下控制，安全感是要自己給

人在感情裡都有一定的佔有欲，太強烈的佔有欲，就變成了控制欲。控制欲強的人通常極度缺乏安全感，對自身以及他人不自信，由於內心恐懼不安，更希望把一切東西和人牢牢地掌握在自己手中。

最常見的現象是，他們喜歡把自己的意願強加在別人身上，支配對方，掌控對方的動向，甚至干涉對方人際關係。這種強烈的控制欲，會讓被控制的人感覺被束縛，覺得沒有獨立的空間和自由，內心是委屈、壓抑的，怨氣一點點積累就會爆發。

而控制的人，內心很開心、滿足嗎？其實不然。當對方開始反抗時，控制者的內心是相當焦慮、痛苦的，情緒受制於被控制者的一舉一動。控制他人的同時，自己也會被他人控制。

愛不是佔有，而是給予自由

如何放下控制欲？

第一步就是要意識到自己的所作所為是在妄圖控制他人。第二步是要知道愛不是佔有，而是給予自由。

記得電影《意外的旅客》中有段精彩的對話。電影中的男主角對他的妻子說：「我相信你愛我，你也正用著你的方式來愛我；但事實上對我來說，這是個很重的負荷。」打著「愛」的旗號去控制對方，不會長久，就算勉強在一起，也是互相折磨。

很多人應該聽過刺蝟原理：兩隻刺蝟在寒冷的冬天擁在一起取暖，但因為各自身上都長滿刺，如果緊緊靠在一起就會刺痛對方，而如果離開一段距離，又會冷得受不了。這時兩隻刺蝟必須來回的調整，直到找出一個最恰當的距離，既可以相互取暖，又不至於被彼此刺傷。

刺蝟原理告訴我們：美好的關係，是感情上互相依存，精神上各自獨立。去束縛、佔有、控制，只會處處傷害；給彼此多點空間、多點自由，雙方才會樂在其中。

自己強大，才是給自己最大的安全感

沒有人會真正的被控制，所謂的控制都只是一時的配合與妥協。越是想去控制，對方越會因為想要擺脫控制而反抗，從而繼續加重掌控，形成惡性循環。控制，只會加快對方逃離。

解決這個問題的關鍵，是給自己增加安全感，並減少自己的控制欲。我們要做的不是緊抓著對方不放，而是把焦點放回自己身上。提升自己的能力，讓自己獲得足夠的信心，只有我們變得越來越好，能信任對方，我們的安全感才會踏實。

別人給的再美好，都只是一時的，因為主控權在別人手上，只有自己才是一輩子的依靠。放下控制，自己強大，才是給自己最大的安全感。

人缺少安全感的原因，是對「我能照顧好自己」不具備信心。對別人過多的依賴，自然會慎防對方的離去，進而處處防範、猜忌、掌控，最後兩人都將備受折磨，關係破裂。

學會「我一個人也能過得很好」。在感情中，經濟獨立，思想獨立，有自我處理問題的能力，便不再害怕失去，就越能增進真正屬於自己的安全感。

連想改變別人的念頭都不要有

有位讀者寫信給我，信中盡是對先生的失望和憤怒，多年來，她已經用過各種辦法，但他還老樣子，「我該怎麼做？」

「什麼都別做了，」我告訴她：「既然他一直是那樣，為何妳每次還是會為他的言行生氣？這麼多年都過去了，為什麼妳還期待他會改變呢？」

作家大衛．菲斯卡說得好：「一個人的權利，就是在他們知道另一半存在以前，就已經享有的。」

一個人的性格、觀念、習慣和生活方式，都是常年養成的，已根深蒂固，怎麼可能說改就改。

不要把這樣的想法帶入一段關係：「我可以改變這個人。」你要麼就是接受對方本來的樣子；要不就是選擇分開，過自己的生活。想想，當初喜歡才會在一起，後來卻要改變對方，為什麼愛就要失去做自己的權利？

沒有「對的人」，只有「對的關係」

想要改變別人，往往是關係痛苦的來源。當人受到批評或否定，內心會產生防衛，充滿怨氣，強求改變對方，只會徒增紛爭，加劇關係的破裂。

那該怎麼做？想改變關係，先學會接納。

比方，你的另一半很懶，不體貼，不做家務，接受「他就是那樣的人」。想到對方只不過是表露他本來的樣子，與自己沒多大關係，就比較釋然。當對方表現以上行為時，便不會對他的反應太過失望。

「他會這麼做，因為這就是他做事的方式。」尊重對方跟自己不一樣，當你不再批判並讓他做自己，關係就不再劍拔弩張，衝突就會停止。

美國第三十任總統柯立芝在自傳中描述他的夫人葛蕾絲：「過去將近四分之一個世紀，她一直在忍受我的優柔寡斷，而我始終欣賞她那優雅的態度。」

沒有「對的人」，只有「對的關係」。這世界上沒有一個完全對的人，只有願意成為那個對的人。試著從那些不合當中去看，可以從彼此身上學到什麼。透過理解、支持、包容、體諒等，找到彼此協調的步調，讓彼此變得更好，把彼此最好的一面帶出來，這就是對的關係。

當你接受對方的真實模樣，他們就改變了

「你有沒有想過對方可能永遠無法改變？或者根本不需要改變？」當有人跟我傾訴夫妻相處的苦惱時，我總會問這樣的問題。這幾年，你是否只想

到改變對方，卻忘了表達對彼此的愛？

自己活了這麼幾十年了，都很難改變自己了，憑什麼要求對方改變？

在一場研討會中，有位女士提及夫妻感情觸礁，以下是她的自述：

「我和丈夫結婚已經五年，剛結婚的那段時間，我迷上電視連續劇，期待丈夫能像劇中的男主角一樣溫柔地對待我，為我改變……，但他做不到，於是我開始責怪他，認為是他讓我不快樂。我期待他在我不快樂時，千方百計逗我開心，但他還是讓我失望。從此，我動不動就生氣，彼此感情也漸行漸遠。

後來，我去參加一次成長營，上了好幾堂的婚姻課。在過程中，我才清楚發覺到自己有多自私，我領悟到我的快樂來自於自己，而不是靠我的丈夫提供。當我開始對自己好時，我變得越來越快樂，跟丈夫的感情也越來越好。」

這段話值得借鏡。仔細留心不難發現，人只有自己主動想改變的時候，才會改變。每個人的改變從來不是因為別人，都是自己發自內心。

而神奇的是，當我們有所改變之後，潛移默化的影響，要比喋喋不休的要求有效多了。

改變自己，對方就會改變？答案是不一定。也有可能紋風不動。但即使對方依舊，我們還是可以和他好好相處。

只要你認為對方不好，你就會努力改變；只有當你願意接受他本來的樣子，不加批判，才能跳脫出來。

你可以把注意力放在自己身上，當自己更加成長更加成熟之後，對方是否改變這件事，已變得沒有那麼重要。

人是會變的，感情不忘初心

某個夜晚，同事的太太打電話來，希望我能勸阻她先生，「如果他真的離職，以後可能會後悔……。」在電話那頭，她重複抱怨著：「他就是太不切實際，把事情想得太簡單。」

我先是愣了一下，後來還是忍不住問：「你當初不就是喜歡他這一點？不就是喜歡他的單純浪漫嗎？」

她聽了突然靜下來，才沒多久時間，怎麼在她眼裡，他的單純竟成了無知，浪漫樂天也成了不切實際？

「在一起久了，為什麼他就變了？」有多少人不禁疑問，「為什麼交往前是一個人，交往後是另外一個人？」

他或她真的變了嗎？這大多是愛情的錯覺。在相戀的時候，總覺得對方無處不完美，跟自己很契合，就連別人認為缺點的地方，在自己看來也無所謂。隨著相處時間的增長，當發覺對方和我們以為的不一樣時，這種落差才開始走入真正的關係。我們都只看對方變了，卻沒發現，其實自己也變了。

山其實沒有變，是你的心變了

有一則充滿哲理的故事：

有個老和尚引領著一個年輕人到一座高山前。

問：「此山如何？」

年輕人說：「偉岸，高大，挺拔，秀美。」

老和尚說：「跟我上山吧。」

一路上山無語，走著走著，年輕人累了，乏了，路不好走，年輕人諸多抱怨，等到了山頭，老和尚問：「你剛才看到的山，現在感覺如何？」

年輕人說：「這個山不好，全都是碎石子，樹木長得也不好，不過，遠遠望去，對面的山更美啊。」

老和尚笑笑說：「當你認識一個人時，就是遠看高山，眼中滿是崇拜；當你了解了這個人的時候，就像在上山，你看到了所有很普通的細節，到了山頂，你眼中也只是看到另外一座山而已。」

山其實沒有變，是你的心變了。你的心變了，眼神就變了。沒有了崇拜，山就不再偉岸。你抱怨越多，傷害就越多。

你知道為什麼你能夠在山頂上看到其他的高山嗎？是因為你腳下踩著是山，是山在提升了你的眼光而已，一個人只有懂得珍惜現在所擁有的，你才會得到真正的幸福。

感情不忘初心，否則很容易變味

生活中，總是有這樣一些人羨慕別人擁有的，卻對自己擁有的批評挑剔。這就好比遠看一幅油畫，在遠處的欣賞會覺得賞心悅目，而當我們漸漸走近的時候，瑕疵一覽無遺。

再美味的食物吃多了都會膩，再好的關係，太親近也會有摩擦。天天面對面，不知尊重，不懂珍惜，時間久了，誰都會遠離。所以和任何人都不要走得太近，適當的拉開一點距離，給彼此留有空間，感情才會走得更加長久牢固。

心動可能是一時，但關係是長久的，當感情轉淡、變味時，我們應該常常提醒自己回到初心，時時想到愛上對方的初衷，感情才會歷久彌新。

多數人在婚姻上失敗，是一開始沒弄清楚，在選擇婚姻的同時，也就選擇了一種生活方式——我們都是在和對方的優點談戀愛，和對方的缺點過日子。

佛蒙特諺語說：「當你買這塊土地時，你買下了這些石頭；當你買這塊肉的時候，你買下了這些骨頭。」

人都有優缺點，欣賞優點是喜歡，而愛是接受缺點，愛是即使缺點仍擁抱對方。愛一朵玫瑰花，還要一併愛她的刺。

如何放下一段感情？

對於曾經相愛而分離的人來說，最難以釋懷就是那些過往的美好和溫暖，情到濃時許下的海誓山盟。不甘花了這麼多心力在對方身上，最後落得一場空，怎是能說放就放呢？

明知道感情已無可救藥，很多人都不甘心就此放棄，期待能有轉機，重歸於好。但是感情是雙方的事，並非抓著不放就永遠屬於你，也不能只靠單方面努力就可以得到結果。對方心不在你身上，就算煞費心機，也綁不住。你的不甘只會讓自身沉陷泥濘，無法自拔。

《百喻經》裡有一則譬喻：有個商人，借了半個銅錢給人，許多時日過去了，沒有得到償還，就前去討債。途中，前面有條大河，僱船擺渡，付了兩個錢，然後才渡過去。到了那兒，卻沒見到欠債人，回來渡河，又費去兩個錢。為了半個錢的債，而用掉四個錢，加上路途往返，疲勞乏困。

不甘失去，只會讓你失去更多。

即使愛情已逝，也要心存美好

沒有一段感情的結束，是沒有任何傷害的。愛得多深，分開時便有多難熬。然而，當這段感情帶給你的傷心痛苦已經多於快樂，對方已經不懂得欣賞自己時，縱然再不捨，也該放手。千萬不要糾纏不清、自貶身價，別讓一個人毀了你下一段幸福。

如何放下一段感情？記住下面幾件件事：

一，承認結束，才能擁抱開始。既然已經決定了分開，就要去認清「這段感情已經結束」。你可以寫一封信，計畫一趟旅程，邀請信任的好友聚聚，當作感情的告別儀式。告別這段感情、告別你們共同走過的路、告別那些年的自己，然後開啟下一段旅程。

二，允許自己發洩情緒。失去會心碎、會難過，就好好地哭上一場，讓所有的通苦釋放。時間是最好的良藥，給自己一段時間好好復原，那些心裡的傷痛會在歲月的流逝間漸漸地淡忘。

三，失去是正常，是成長的必經之路。不是愛到了就保證能到永遠，不管你條件再好，都可能遇到錯的人，在感情上都會跌倒、挫敗。自省即可，不需一味自貶自責或責怪某人。

四，相信自己，相信愛情。不管你經歷多少創傷，也要心存美好，相信自己一定會更好的。始終保持對愛的那份嚮往和信任，好好愛自己，努力成為更優秀的自己，必能找到屬於自己的幸福。

珍惜珍惜你的人，放棄放棄你的人

沒結果是浪費青春？其實在一起幸福就是結果，如果不幸福，還勉強在一起，才是耗費人生。

世上沒有任何一件事會白費，我們付出過的，都會留下痕跡。曾經相愛就曾幸福、甜蜜過，就算最終無法相伴、一起走到最後，這些回憶並不會因此被抹殺。

心理學家戈登・惠勒說，悲傷是為了提醒我們愛得多深。沒有愛，不會感到悲傷。因此當我們感覺到自己的悲傷，儘管不安、儘管心痛，但它其實是在提醒你，如今已逝的那份愛當初有多美。

與其努力遺忘一個很難忘記的人，不如試著記得那些曾經一起擁有的美好。與其互相折磨，不如彼此放過。如果做不到微笑道別，至少做到不記仇，畢竟相愛過一回。

男女雙方情到濃時，可以為對方付出一切，卻很少有人能夠祝福對方離去，這樣的情感不是真正的愛，只是以愛的名義佔有。當愛已成往事，當相愛已是一種痛苦，放下錯愛的人吧！重新開始，總有一天，你會發現，原來沒有那個人的生活可以更好。

分手並不是一件壞事，而是結束了一件壞事。

你只不過跟一個不愛你的人分開，只不過是離開不適合你、傷害你的人。

你其實也結束了一段不快樂的關係。從此，你脫離負面能量，長期壓抑的關係，不用被一個人控制情緒，你不用患得患失，委屈求全，不必再吵得心力交瘁，不必重複經歷那些絕望與無力。

分手更意味著解脫。你自由了，你不必繼續苦撐，你可以自在做自己，可以認識新的朋友，可以開啟你的新生活。分手是下個幸福的開始。

PART 7

生活的事，「簡單」就好

做自己，因為你早就是了
你為了什麼辛苦努力？
學會「減法」，人生可以更好
需要的不多，想要的太多
少一點，就是多一點

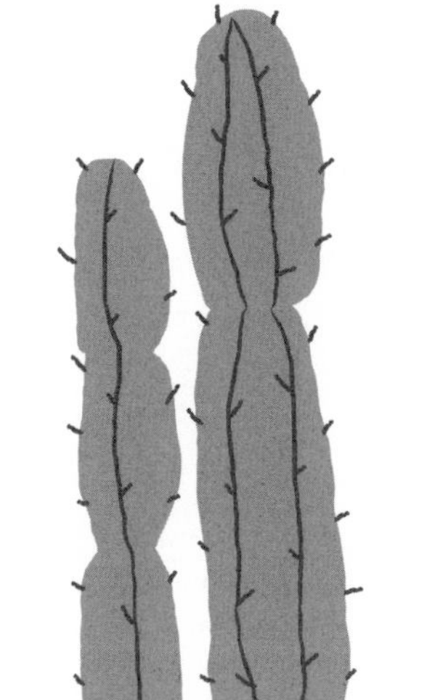

做自己，因爲你早就是了

人生最容易的一件事是什麼？答案是做自己，因為你早就是了。

然而人們卻不那麼想，似乎每一個人都想成為別人。我們常常羨慕別人，想要擁有他人的人生，渴望得到他們的東西，希望擁有他們的外貌、才華、家庭、生活形態。這即是不快樂的來源。

只要想想一隻鴨想成為雞，牠一定非常挫折：「你看雞羽色亮麗，多漂亮，我怎麼比得上？」問題是，不管怎麼做，鴨子還是鴨子，永遠不可能變成雞。最後頂多只是「劣版的雞」，而代價是失去了自己。

雞就該當雞看，鴨就該順著鴨的特質，讓每一個生命活得最像他自己，也最適合他自己。許多人最大的悲哀，是看不到自己的美好，一心想著自己得不到的，看不到自己擁有的而徒增煩惱。結果，喜樂不見了，取而代之的，是對自己感到沮喪與氣餒。

不要拿別人的地圖來找自己的方向

美國流傳著這麼一個教育故事：兔子、烏龜、松鼠、鳥在一起開會，決定要成立一所教育學院，當他們進一步討論要開什麼樣的課程時，兔子說要教「跑」，鳥說大家一定要學「飛」，結果烏龜爬到樹上要學飛卻摔傷了，不但飛沒學成，連爬的才能也毀掉了。

「人人都是天才。」愛因斯坦說，「不過，要是你用爬樹能力來評斷一條魚，牠終其一生都會相信自己是一個庸才。」

如果你是一隻魚，就不要想著要在天空翱翔。如果你的孩子是賈伯斯，就不要想著要成為貝多芬。不要拿別人的地圖來找自己的方向，那只會讓你迷失。

鳥在天上飛，魚在水中游，人人都應該最適合自己的方式發展。我們每個人都是這麼不一樣，每個人的天賦也都不相同。我學習慢，但是動作很快。我數學很厲害，但是音樂很差。沒有一個人是樣樣都好的，也沒有一個人是一無是處的。裁縫機不能修剪樹木，但它可以做漂亮衣物。不要太擔心那些你不能做的，只要發現那些你能做的。

「教育（education）」一詞的希伯來文原意是：把原來擁有的東西引導出來，並使其充分發展。

我的工作並不是發現「天才」，而是讓「天才」發現他自己。無論是在課業、工作或生活上，就本質而言，那是老師和激勵者的角色。一位好的老師會幫助學生去找到自己的稟賦，就像雕刻家在雕一塊石頭那樣。

把一切不要的都丟掉之後，最後留下的就是你要的

米開朗基羅的大衛像世界聞名。完成後，當地一位藝術贊助人一看到雕像，驚為天人，讚嘆地問他怎麼雕出如此美麗的作品。

「大衛已經在那塊大理石裡。」他回答，「我只不過是把不是大衛的每件東西拿掉。」

你無須成為什麼，你只要向內探索看見自己是誰。那個真實的部分，你已經擁有了，你只需要去除虛假的部分。

沒有人能知道你想要什麼，沒有人知道跟你一模一樣的事，沒有人聽得見你的心聲，只有你才能知道答案。只要勇敢地朝向自己內心所嚮往的方向前進就行。

如果不知道自己要的是什麼呢？那至少要知道自己不要什麼。不要將他人追逐的理想變成自己的目標，不要去追求那些本就不屬於自己的東西。當

你把一切不要的都丟掉之後，最後留下的就是你要的。

心理學家卡爾．榮格說：「我們一生的特權，就在於做真正的自己。」

沒有人能決定你的樣子，沒有人有權決定什麼最適合你，跟著你活一輩子的人就是你自己，最熟悉你的人也是你自己。沒錯，做你自己，還有誰比你更有資格？

幸福在於依隨本性而活。每一個存在，每一個人活在世上，都是完成他自己的價值。就像草原上的野花、森林裡的大樹，他們都在努力地綻放自己。

樹木有樹木的挺拔，花朵有花朵的嬌美，每個人都屬於他自己，每個人都有他自己的特色，根本就沒有比較的問題。你是你，他是他，要怎麼去比？

你開出的是小花，別人開出的是大花。並不因為別人花朵大，就比較優越，也不因小花就比較卑微，重點在於自己的花開了。

你爲了什麼辛苦努力？

這些年你都在忙些什麼？目的是什麼？

我曾問過許多人，得到的回答不外是「拿到學位、升更高職位、賺更多錢、完成某個計畫」，這時我問：「那當你得到以後，你會怎麼樣呢？」大部分的回答都一樣：「我想我會很快樂。」於是為了達成這個目標，汲汲營營，生活忙得團團轉。你想：只要熬過這段日子，美好的生活就會到來。

真是這樣嗎？當學生很苦悶，畢業後就不苦悶嗎？當員工很辛苦，當主管就不辛苦嗎？沒錢很煩惱，有錢就沒煩惱嗎？當「媳婦熬成婆」，從此就高枕無憂嗎？我們的迷失就在於，總是不斷追求遠方的事物，卻不懂得享受手中已有的幸福。

靜下來想想：我們努力的一切都是為了讓自己幸福快樂，這是努力的目的，不是嗎？但是你的努力有沒有讓你活得更好，還是更累？

那麼，你又為了什麼辛苦努力？

快樂，就是回到沒有煩惱以前的那顆心

有一則寓意深遠的故事。

海邊，有個年輕人撿了一條遺棄的漏船，補了又補，每天唱著歌出海，即使空網而歸，下了船後也會躺在沙灘上，曬著太陽，唱著歌，每天都很快樂。

有一個魚販住在岸邊的別墅，每天早出晚歸，到家後總是忙著算今天賺了多少、失了多少，整天愁眉苦臉，時不時看著大海和天氣，又擔心魚價的漲跌，整日心情沉重。魚販看到漁夫如此快樂，心想：我擁有這麼多卻不快樂，

他什麼都沒有，為何有這麼好的心情？

為了找出原因，漁販就在漁夫的小船上放了一塊金子。

太陽落山，漁夫回到小船上，一眼看見這塊金子，喜出望外，用手掂著這塊金子心裡憧憬著可以換掉這條補了又補的漏船，換一條大船，這樣他每天都可以打上一船魚，然後再買更大的船，雇幾個漁夫，為他去打魚。如此，用不了多久自己就可以在岸上做最大的魚販，再把魚價壟斷就可成為岸上最富有的人。漁夫想了整整一夜，那一晚他忘了唱歌。

從那夜起，漁夫就開始煩惱，再也聽不見他唱歌了。他賣了漏船，用那塊金子，再借貸，買了一條大船。扛了一大筆債務，每天活在壓力下。就這樣很多年以後，漁夫也成了魚販，住在岸邊的別墅，忙著算錢，整天愁眉苦臉，每天看著大海和天氣，同樣擔心著魚價的漲跌。他有太多的憂慮，內心不再安寧，也很少快樂。

一日，龍捲風讓他的幾條漁船觸礁，損失慘重。漁夫心情糟透了，一臉焦灼，到沙灘上踱步，卻碰到一個流浪漢在沙灘上唱著歌。這讓他想起了自己從前無憂無慮的日子，不由的問流浪漢：「你一無所有，怎麼這麼快樂呢？」

流浪漢卻說：「怎麼會一無所有呢，我有沙灘，有陽光，有健康，衣食無憂。」

你原本是快樂的，煩惱是後來才有的。快樂，就是回到沒有煩惱以前的那顆心。

你每天都很賣力的過，卻從未真正過好每一天

一位朋友忙著賺錢，他說：等賺夠錢，要到清境農場蓋民宿，享受退休生活。

我告訴他：你必須清楚地自己到底要什麼：若以賺錢為目標，你很可能會賺到錢，卻無法保證也享受生活。然而，你若是將享受生活擺在第一位，

才能真正感受那裡的美好。

追求是手段，快樂才是目的。把追求看成目的，而忘了享受生活，那可真白活了。

在醫院見過太多這樣的人，在某次突發的意外後，眼看人生就要草草結束，他們最大的遺憾就是：「未曾好好活過。」

有些人很可憐，他們一輩子為了生活埋頭苦幹，他們甚至不知道自己正在度過人生最甜、最美的一段。然後不知不覺中，當生命走到了盡頭才醒悟，自己已浪費了一生的時間，從沒有真正快樂過。

生命是一趟旅程，它並沒有最終的目的地，如果有的話，那就是墓地。所以，別急著趕路，別再延緩想過的生活……，如果你現在不能享受生活，可能終其一生都不曾好好地活快樂不是在目的地，而是旅程中的每一步。

在你的旅程中，你經歷了許多美好的瞬間，你遇見了有趣的人和事，看到了美麗的風景，感受生活的美好和豐富，享受了美食和文化。

這些經歷讓你感到幸福，人生就是幸福；這些事物讓你歡喜，人生就充滿歡喜。

快樂不必努力追求，用心活在現在，享受當下，快樂不請自來。

學會「減法」，人生可以更好

大部分的人都習慣用「加法」思考人生，以為擁有的越多越好：想要更多的東西，更多的玩樂、成功、頭銜和金錢。為了追求更多，我們付出了更多的代價和煩惱，一旦到手了，注意力很快就會轉移到下一個目標，這種快樂往往是短暫的，很快就會被新的欲望所替代。

很多人認為，擁有越多就越顯現自我價值，幸福越多。其實擁有越多，也負擔越多。比如，房子要清潔打掃，汽車要保養維修，衣服要整理熨燙，土地要除雜草、繳稅金。

「擁有」財物、關係、職位、名氣，需要擔心和關注的外部事物就越多，使我們的人生變得複雜、沈重。最後反而使自己成了擁有物的奴隸。

蕭伯納的經典名言：「人生有兩大悲劇，一個是你想要的得不到，另一個是你想要的得到了。」沒有得到的東西，求而不得是苦；得到了卻不能滿足，這個無止境的欲望也是苦。

想要更多，就會有更多不滿

有位學生大學畢業後，曾豪情萬丈地為自己樹立了許多目標，可是幾年下來，卻一事無成。他滿懷煩惱找到一位智者。

智者聽完他的傾訴，很平淡地對他說了一句：「你先幫我燒壺開水吧！」學生看見牆角放著一把大水壺，旁邊是一個小火灶，但沒發現柴火，於是便出去尋找。

他拾回一些枯枝，裝滿壺水，放了些柴火便燒起水來。可是壺太大，柴火燒盡了，水也沒開。他不得不再跑出去找柴火，可等找到足夠柴火回來，那壺水已涼得差不多了。

這時，智者忽然問他：「如果沒有足夠的柴火，你該怎樣把水燒開？」學生想了一會兒，搖搖頭。

智者微笑說：「如果那樣，就把壺裡的水倒掉一些吧！為什麼只想到要『多一點』，都沒有想過可以『少一點』呢？」

希臘大哲伊比鳩魯早說過：「如果你要使一個人快樂，別增添他的財富，而要減少他的欲望。」這就好像一個小的水盆，很容易被填滿，而廣闊的大湖永遠難以填滿。有限的時間和心力，滿足不了無窮的欲望。

知足常樂，惜福方能有福

想過嗎？當你滿足時，怎麼會有這麼多欲望？當你有那麼多欲望，又怎麼可能滿足呢？

人們不斷擁有，買了一屋子的東西，卻沒有更幸福、更滿足，為什麼？因為不知足，就永遠不可能滿足。看看你櫃子裡的衣服、鞋子、包包，你可能覺得還缺了些什麼。但比起你在學生時代所擁有的，現在已經多出很多了。

所以問題不在「要怎麼增加滿足」，而是在「如何減少欲望」。如果欲求讓你不滿足，你應該降低自己的欲求，而不是設法滿足它們，不是嗎？

我從很多年前就實行「減法生活」：減少購物就少花錢，肩上的負擔少了，心變得更加富足。減少吃大餐，可以細品美味，身體更健康。減少不必要的社交和應酬，少了雜務干擾和束縛，有更多時間陪伴家人。減少工作量，紓解緊湊壓迫感，享受慢活的悠閒。

我們應該時時提醒自己：「我擁有的已經夠多了，我什麼都不缺。」知足常樂，惜福方能有福。你沒感受到，是因為想要太多。

今天許多人之所以匱乏、覺得錢不夠用，都認為是錢賺太少，這其實只答對一半，真正的原因是欲求太多。

如果你有一桶水，你可以用來泡茶，刷牙、洗臉、澆花；但你不可能又要洗車，又想泡湯，甚至灌溉整座花園，那是不可能夠用的。

需要的不多，想要的太多

人類與生俱來的基本需求都是一樣的，像是吃飯、飲水、穿衣等，真正「需要」的其實有限。但是「想要」就不同了，像是過多的服飾、精品、娛樂商品等，這就不是需要的。

「需要」是一些生活上的必要消費，如果少了這些物品，會影響生活或健康，而「想要」通常跟自己的欲望有關。例如，某項新產品推出，當周遭朋友有，自己也會跟著想要擁有，在追求虛榮與炫耀的心態下，便會衍生過度消費行為，造成浪費或財務問題。

當人們「想要」的超出「需要」，我們就不停地為它忙碌：職位升遷、銷售業績、收入的數字、流行的商品……。我們變得太過執迷於追求，把努力的焦點全放在這裡，於是產生競爭、比較之心，目光視野就會變得狹隘，甚至犧牲親情、健康，在世俗的漩渦中越陷越深，歡樂的影像也越來越模糊。

人們總是不斷地尋找杯子，而忘了裡面的水

某天，幾個同學相約去拜訪大學時的老師。老師問他們生活過得怎麼樣。結果學生紛紛大吐苦水：工作壓力大、生意難做、仕途受阻、生活煩悶……等等。

老師笑而不語，從房間拿出許多杯子。這些杯子各式各樣，有磁器的、有玻璃的、有塑膠的；有的杯子看起來高貴典雅，有的看起來粗陋低廉……。老師說：「都是我的學生，我就不把你們當客人了，你們要是渴了，就自己倒水喝吧。」

大家說的已經口乾舌燥了，便紛紛拿了自己中意的杯子倒水喝。等大家手裡都端了一杯子時，老師講話了，他指著茶几上剩下的杯子說：「大家有沒有發現，你們挑選的杯子都最好看，最別緻的杯子，而像這些塑膠杯就沒有人會選中它。」大家並不覺得奇怪，誰不希望手裡拿著的是一個好看的杯子呢？

老師繼續說：「這就是你們煩惱的根源。大家需要的是水，而不是杯子，但我們有意無意地會去選用好的杯子，這就如我們想要的生活。杯子的好壞，並不能影響水的品質，如果將心思花在杯子上，你哪有心情去品嚐水的甘甜？」

我們需要學會分辨「想要與需要」的差異。例如，當你口渴時，喝水是「需要」，喝飲料是「想要」；營養的食物是「需要」，吃零食是「想要」；買鞋是「需要」，買名牌鞋是「想要」；衣櫃裡的衣服已經多到穿不完，卻又買了一件是「想要」。人活得累，是因為想要的太多。

減少瞎拼，購物不衝動

有什麼方法克制購物的欲望？

一，少去商場，精準採購。想想，自己在哪些地方最容易把錢花掉，盡量少去。必須出門採購時，先列一張清單，然後眼中只有清單裡的物品，就會減少購物衝動。

二，購物前，先思考。每當想購物前，記得問問自己：「買這個東西是真的需要，還是想要？」如果只是「想要」，就別買。

三，給自己一個「冷靜期」。當「想買」、「想要」的念頭很強烈的時候，不用急著下手，先給自己幾天的時間評估，幾天後也許已沒有當初的衝動了。如果壓根忘記這件事，那很好，你其實不需要。

四，計算這件商品的真實成本。一件物品除了購入的成本，還有各種有形和無形成本，比如保養費、耗材費、擺放占用的空間、維護耗費的精力。

請考慮清楚，再做決定。

五，固定時間，大掃除。養成每半年大掃除一次的習慣，藉由整理審視自己擁有的物品，哪些是重複購買，哪些是浪費，買到沒用，或不好用的東西，以後不亂花錢。

東西再好再便宜用不到都是浪費。把不合用的東西捨棄或送人，你會發現：房間變大，生活煥然一新。

購物前，問自己以下問題：

一，是購物欲作祟，還是我真的需要它？

二，買這個東西快樂會持續多久？為什麼需要靠購物感到快樂？

三，少花這些錢，是否讓我減少負擔，讓自己的生活更輕鬆簡單？

四，花相同的錢，能不能創造更大的滿足？更大的價值？

這些實際問題，能幫助自己評估每一次購買的價值，以及為什麼要購買。記得，誠實面對自己，才能做出對自己更好的選擇。

少一點，就是多一點

口渴難熬時喝一杯水，身體會瞬間被滿足，但第二杯、第三杯之後，身體對水的滿足感就會減少。肚子很餓時吃饅頭，第一顆是最幸福的，吃第二顆就沒第一顆幸福；第三顆已經很撐了，再吃也不覺得享受。

經濟學家稱之為「邊際效用遞減」。一般生活需求得到滿足的人，物質所能帶來的幸福感就會大大的遞減。同樣的東西，量供應得越多，越無感。同樣的事情，次數做得越多，帶給人的價值和滿足感越少。

每星期看兩場電影讓人覺得開心，但每天看兩部電影，很可能讓人意志消沉；同時反覆不斷地聽著同樣的音樂，使音樂失色；每種樂趣都有極限，一旦超過的極限，不僅樂趣不會再提升，還會適得其反。一味縱情享受的人，到頭來，無論得到什麼再珍貴的東西也會覺得索然無味。

這些年你覺得自己滿足越來越少，很可能不是因為缺少什麼，而是擁有越來越多——已經燈火通明，即使多點幾支燭光，也不覺得變亮。

快樂不是擁有多少，而是來自享受多少

有許多人回顧過去，都覺得一生最快樂的時刻，正是艱苦奮鬥，逐漸擺脫貧窮的時候。到一些落後國家時，我不斷看見一些人，充其量只能算比饑餓稍微好一點，可是他們卻感到幸福，生活充滿了歡笑。為什麼？

很贊同蘇格拉底所說：「幸福的秘密不在尋求更多，而是培養出享受更少的能力。」

還記得，小時候那些純粹的快樂嗎？當我們看到路邊開放的一朵小花，

松鼠在樹與樹間跳躍，天上閃耀的星星，我們就一定要將它們帶回家嗎？當我們能欣賞感受美好，就已經享有，它在戶外，跟在我們家並沒有差別。我們也不需要去擁有一座運動公園，一條森林步道，只要願意走進裡面，馬上可以享有，不是嗎？

我們需要錢才能生活，但不需要很多錢就能快樂。「該怎麼做，才能以目前擁有的條件，換來最大的幸福效果？」這是每個人都必須追尋簡單的生活智慧。

少，所以留出更多的心靈空間感受美好

蘇軾這麼寫著：「江山風月，本無常主，閒者便是主人。」意思是一切自然界的東西，本來就是沒有屬於誰的，只要你有閒情逸致去欣賞，你就是整個大自然的主人。

活在世間，我們都擁有水光山色，良辰美景，但有幾人真能享有？愜意

的悠閒漫步，坐在樹下發呆，享受微風輕拂，芬多精的芳香；或者佇足欣賞樹梢上的嫩芽、山谷裡溪水潺潺，楓葉轉紅、日出雲海、晚霞夕照……，這一切美好都在我們身邊，欠缺的只是發現。心盲了，所以視而不見；心不閒，就什麼都體會不到。

人生不是不斷累積，而是去蕪存菁。做更多、賺更多，不如少做一點、少賺一點，來得開心自在。

少一點，不是放棄享受，而是提升享受的能力。少，才能讓生活簡單；少，才能更細緻品味；少，才會更珍惜；少，才會感受更深；少，才能讓內心更豐富。因為少，所以留出更多的心靈空間感受美好。

少一點，就是多一點。

Less is more.

梭羅在《湖濱散記》說：「簡單點，簡單點！」他發現：當他生活上的需要簡化成最基本的形式，生活反而快樂。

你可以試試：擺脫對物質瘋狂的迷戀，重回簡單的生活，你將發現時間、金錢、空間、情感、生活越來越富足。

當生活簡簡單單，需求簡簡單單，煩惱也變得簡簡單單。

高寶書版集團
gobooks.com.tw

HL 079
心有多簡單，就有多自由

作　　者　何權峰
主　　編　吳珮旻
編　　輯　鄭淇丰
封面設計　林政嘉
內頁排版　賴姵均
企　　劃　鍾惠鈞

發 行 人　朱凱蕾
出　　版　英屬維京群島商高寶國際有限公司台灣分公司
　　　　　Global Group Holdings, Ltd.
地　　址　台北市內湖區洲子街 88 號 3 樓
網　　址　gobooks.com.tw
電　　話　(02) 27992788
電　　郵　readers@gobooks.com.tw（讀者服務部）
傳　　真　出版部 (02) 27990909　行銷部 (02) 27993088
郵政劃撥　19394552
戶　　名　英屬維京群島商高寶國際有限公司台灣分公司
發　　行　英屬維京群島商高寶國際有限公司台灣分公司
初版日期　2024 年 01 月

國家圖書館出版品預行編目 (CIP) 資料

心有多簡單，就有多自由 / 何權峰著 . -- 初版 . --
臺北市：英屬維京群島商高寶國際有限公司臺灣分公司，2024.01
　面；　公分 . -- (生活勵志；HL079)

ISBN 978-986-506-888-2(平裝)

1.CST: 修身　2.CST: 生活指導

192.1　　112021494